निर्वाण

सोतापन्न से अरहंतत्व तक

मध्यम मार्ग
आत्म-सहायता का प्रवेश द्वार

लेखक

डॉ. अरियाथुशेल अरहंत

Clever Fox®
PUBLISHING
Chennai • Bangalore

CLEVER FOX PUBLISHING
Chennai, India

Published by CLEVER FOX PUBLISHING 2025

ISBN: 978-93-6707-496-1

परम प्रबुद्ध बुद्ध को श्रद्धांजलि!

निश्चय ही, बुद्ध का धम्म विभिन्न चरणों में निरोध, निर्वाण की ओर ले जाता है। सभी लोकों के ज्ञाता, सर्वोच्च रत्न, सभी सिद्धों के गुरु; सर्वोच्च प्रबुद्ध बुद्ध को नमन!

विषय सूची

भूमिका

इस समय, दुनिया में ऐसे कई लोग हैं जिन्हें मानसिक और भावनात्मक उपचार की आवश्यकता है और जो अपने जीवन में संतोष प्राप्त करने के तरीकों की तलाश कर रहे हैं। वे दूसरों से पूछ सकते हैं या नहीं भी पूछ सकते, उनकी परेशानी बाहर से स्पष्ट दिख सकती है या नहीं भी दिख सकती, लेकिन अधिकांशतः वे इस बात से अवगत होते हैं कि यदि वे अपने अनचाहे और परेशान करने वाले विचारों को हल करना जान जाएँ, तो उनका जीवन बेहतर हो सकता है।

यह पुस्तक इस बात पर चर्चा करती है कि कैसे कोई व्यक्ति अपने विचारों का ज्ञान विकसित कर सकता है और आत्म-सहायता के माध्यम से असुविधाजनक विचारों को दूर कर सकता है। यहाँ दी गई मार्गदर्शिका "मध्यम मार्ग" पर आधारित है, जो बुद्ध के उपदेशों के अनुसार व्यावहारिक जीवन की समझ है। बुद्ध के उपदेश हमें यह सिखाते हैं कि जीवन को संतोषपूर्वक कैसे जिया जाए। संतोष की अनुभूति तब प्राप्त हो सकती है जब हम अपने विचारों की प्रक्रिया को समझें। यह पुस्तक इस बात पर प्रकाश डालती है कि कैसे आप अपने सामान्य कार्यों और गतिविधियों के दौरान भी एक संतुलित मानसिक अवस्था प्राप्त कर सकते हैं।

अध्याय 1:

मध्यम मार्ग की यात्रा

आज की दुनिया प्रतिस्पर्धा से भरी हुई है, और लोग कई कारणों से अत्यधिक तनाव और दबाव महसूस कर सकते हैं। तेजी से हो रहे तकनीकी विकास, सामाजिक और राजनीतिक मुद्दे, आर्थिक दबाव, पर्यावरणीय चिंताएँ, काम, धन, और संबंधों से जुड़े मुद्दे जैसे मित्रता और परिवार से जुड़े मामलों के साथ-साथ विभिन्न प्रकार के दबाव सभी मिलकर चिंता का कारण बन सकते हैं। जब चिंताएँ बढ़ने लगती हैं, तो आपका दैनिक जीवन कष्टप्रद हो सकता है।

शायद आपको लगता है कि आपका जीवन अत्यधिक आनंदमय है, या आपको डर है कि जो आनंद आप अनुभव कर रहे हैं वह जल्द ही समाप्त हो जाएगा और आप सोचते हैं कि इन सांसारिक सुखों को आप कब तक बनाए रख सकते हैं। शायद आपको लगता है कि आपका जीवन अत्यधिक कष्टप्रद है, या आप सोचते हैं कि क्या आप इसे संभाल पाएंगे। जीवन के कुछ हिस्से आपके नियंत्रण से बाहर हो सकते हैं और ये आपके लिए कठिन अनुभव हो सकते हैं। अपनी कष्टदायक विचारधाराओं को समझकर, यह समझकर कि विचार कैसे आते और जाते हैं, और कैसे दर्द उत्पन्न होता है, आप *मध्यम मार्ग अभ्यास* के माध्यम से अपने विचारों को नया रूप देने की कला सीख सकते हैं। इससे आप संतुलित मन बनाए रख सकते हैं और अपने जीवन को बेहतर बना सकते हैं, चाहे आप अपने सामान्य कार्यों में व्यस्त क्यों न हों।

बचपन से ही, ऐसा लगता है कि लगभग हर कोई कुछ चीजों को ठीक से करना सीखता है; जैसे भूख मिटाने के लिए पर्याप्त भोजन करना; पर्यावरणीय परिस्थितियों से बचाव के लिए सही तरीके से कपड़े पहनना; और शरीर और जीवन की निरंतरता को बनाए रखने के लिए धन कमाना। लेकिन हम यह नहीं सीखते कि *कैसे सीखें* और समझें कि मानसिक कष्ट को कम करने के लिए कैसे सोचा जाए। दैनिक जीवन के भीतर सही सोच को समझने से न केवल मानसिक कष्ट को कम किया जा सकता है बल्कि सांसारिक आनंद को बढ़ाया भी जा सकता है।

अध्याय 2:

विचारों की धारा

विचारों की धारा आपके समझ के ठीक नीचे चलने वाली एक सतत प्रक्रिया की तरह व्यवहार कर सकती है। लेकिन यदि आप अपने विचारों को समझें, तो आप धीरे-धीरे उन पर बदलाव कर सकते हैं, जिससे आप बेहतर सोचने की क्षमता विकसित कर सकते हैं। यह प्रक्रिया आपके लिए शांति और विचारों की सतत धारा से स्वतंत्रता प्राप्त करने का मार्ग प्रशस्त कर सकती है—यह "धारा पर विजय प्राप्त करने" का तरीका है। जब सोचने का तरीका सबसे बेहतर हो, तब *मध्यम मार्ग अभ्यास* आपको सांसारिक सुख बनाए रखने में मदद कर सकता है।

कभी-कभी विचार खुशी लाते हैं, तो कभी ग़म कभी ये बाहरी दुनिया में हो रही घटनाओं के आधार पर उत्पन्न होते हैं, और कभी अपने आप ही उत्पन्न होते हैं। विचार एक काल्पनिक अतीत, वर्तमान या भविष्य में भटक सकते हैं। जब कोई व्यक्ति इन काल्पनिक विचारों को पकड़ने की कोशिश करता है, तो क्योंकि ये सत्य नहीं होते, वे टिकते नहीं और बदल जाते हैं। उदाहरण के लिए, जब "स्वयं" की एक काल्पनिक धारणा बनाई जाती है, तो अन्य लोग और दुनिया के विचार बदलते समय मन में कष्ट और असंतोष ला सकते हैं।

इसी प्रकार, यदि कोई व्यक्ति स्वयं, समाज और दुनिया की काल्पनिक धारणाओं को पकड़कर रखता है, या उन घटनाओं को पकड़ता है जो हो रही हैं, जैसे बीमारियां या अन्य परेशानियां, तो यह विचार खुशी, दुख, लाभ, हानि जैसी भावनाओं को उत्पन्न कर सकते हैं। जब चीजें बदलती हैं और व्यक्ति काल्पनिक स्वयं, समाज और दुनिया को पकड़ता रहता है, तो यह विशेष रूप से भारी कष्ट और असंतोष ला सकता है।

कुछ घटनाएं हमारे नियंत्रण से बाहर होती हैं, जैसे जन्म, मृत्यु, बीमारियां, हानियां आदि। उन चीजों को पकड़ना जो हमारे नियंत्रण में नहीं हैं, व्यर्थ है। ऐसी चीजें जिन पर हमारा कोई नियंत्रण नहीं है, वे कष्ट ला सकती हैं। जब कोई समझता है कि उसके विचार स्वयं को कितना नुकसान पहुँचा सकते हैं, तो एक बुद्धिमान व्यक्ति इन विचारों को और स्वयं की काल्पनिक धारणा को न पकड़ने का निर्णय लेता है। समाज और जीवन की व्यावहारिकता के साथ केवल कार्यात्मक होकर,

बिना अत्यधिक पकड़ बनाए, अपनी और दूसरों की भलाई के लिए काम करते हुए, व्यक्ति इन चीजों से मुक्त हो सकता है।

मध्यम मार्ग एक ऐसा अभ्यास है जो हमें असंपूर्णताओं से भरी इस दुनिया में बिना मानसिक अवरोध के जीने की अनुमति देता है। यह सोचने का तरीका आम सोच से अलग है।

जो सोच हमारे वास्तविक जीवन के अनुभवों से मेल नहीं खाती, वह भ्रमपूर्ण विचारधारा विकसित कर सकती है, जिससे मानसिक पीड़ा होती है। यह समझना कि परिवर्तन हर किसी की प्रकृति है और उन चीजों को लेकर अधिक चिंतित न होना, जिन्हें हम नियंत्रित या बदल नहीं सकते, साथ ही उन चीजों को छोड़ देना जो जा चुकी हैं, और समझदारी से कार्य करना एक बुद्धिमानी भरा कदम है। यह मध्यम मार्ग की सोच का सार है।

आप अपने सभी विचारों को वास्तविकता या सत्य का सटीक प्रतिबिंब मान सकते हैं। लेकिन यदि आपके विचार सचमुच वास्तविकता का प्रतिबिंब होते, तो यह मानना उचित होता कि आप अपने जीवन के अनुभवों को वैसा ही स्वीकार कर पाते जैसा वे आते हैं। लेकिन जब किसी के विचार और उसके जीवन के अनुभवों में असमानता होती है, तो व्यक्ति तनाव और असंतोष महसूस करता है।

इस प्रकार, सच्चाई को जाग्रत करना, यानी *ज्ञान का प्रकाश* प्राप्त करना, यह समझने में निहित है कि आम सोचने के तरीके मानसिक कष्ट कैसे उत्पन्न करते हैं। यह समझना कि मानसिक पीड़ा कैसे आपके मन में स्थापित होती है, आपको उससे बचने में मदद करेगा।

हालांकि काल्पनिक दुनिया में रहना आसान लग सकता है, जहां आप सोचते हैं कि आपकी सभी अपेक्षाएं पूरी हो जाएंगी, लेकिन यह समझना कि क्या किया जा सकता है और क्या नहीं, आपके लिए अधिक लाभकारी होगा। इसी प्रकार, अपने "आम सोचने के तरीकों" को छोड़ने के बारे में सोचना भले ही असुविधाजनक हो, लेकिन उन्हें जारी रखना मानसिक कष्ट सहते रहने की तुलना में यह अधिक व्यावहारिक विकल्प है।

अध्याय 3:

साधारण सोचने के तरीके

सामान्य सोचने के तरीके और उन मानकों पर आधारित समाज जो सामान्य मानकों पर निर्मित होते हैं, उच्च विचारधारा विकसित करने के लिए मन को प्रशिक्षित करने की आवश्यकता होती है ताकि वह साधारण तरीकों से परे समझ सके। इसे "वर्तमान सोच और कार्य करने के तरीकों के विपरीत" (पटीसोतगामिनी) के रूप में जाना जाता है।

सामान्य सोचने के तरीके में सांसारिक अनुभवों से लगाव शामिल है। सांसारिक अनुभवों को मन में अधिक मात्रा में पकड़ना एक सामान्य तरीका है, और जो कुछ भी वर्तमान में है उससे संतुष्ट न हो पाना और अधिक से अधिक सांसारिक अनुभवों की तलाश करना भी। यह सोचना कि आत्म और सांसारिक अनुभवों में स्थिरता बनाए रखना संभव है, व्यक्ति जन्म से ही इन अनुभवों को अधिक मात्रा में मन में पकड़ने की आदत विकसित कर सकता है। यह मानते हुए कि पृथ्वी पर जो चीजें हैं वे व्यक्ति की हैं, व्यक्ति बदलते हुए सांसारिक अनुभवों को पकड़ सकता है। इस प्रकार, जो आप सोचते हैं, वह आपके वास्तविक जीवन के अनुभवों से मेल नहीं खा सकता।

बदलते हुए अनुभवों को पकड़ना जन्म से ही एक सामान्य सोचने का तरीका है। सामान्य सोचने के तरीके सामाजिक प्रथाओं में निहित होते हैं। सामान्य सोचने के तरीकों पर आधारित सामाजिक प्रथाएँ लोगों को एक निश्चित तरीके से सोचने और व्यवहार करने के लिए सिखाती हैं। सामाजिक शिक्षा और परिस्थितियों के आधार पर, लोग यह सीखते हैं कि जीत को खुशी और हार को दुख से जोड़ना है, जन्म पर खुशी और मृत्यु पर दुख। इस प्रकार, जन्म से ही लोग कुछ चीजों जैसे जीत, लाभ, जन्म और उन भावनाओं को जोड़ना सीखते हैं जो आपको खुश करती हैं। इसी तरह, लोग कुछ चीजों जैसे हार, मृत्यु और उन भावनाओं को जोड़ना सीखते हैं जो आपको दुखी करती हैं, जो मानक तरीकों के आधार पर सांसारिक अनुभवों को समझने के लिए सामाजिक शिक्षा और परिस्थिति से प्रेरित होती हैं। अंततः, घटनाओं और प्रतिक्रियाओं के बीच एक संबंध सीखा जाता है। आप पाएंगे कि आपके अधिकांश सोचने और कार्य करने के तरीके मानक तरीकों से जुड़े हुए हैं।

जो कुछ भी व्यक्ति सोचता है कि वह आत्म से संबंधित है, वह केवल सांसारिक अनुभवों में कम पड़ सकता है। इंद्रिय जानकारी और परंपराओं के आधार पर, आप आत्म और संसार की एक सीमित तरीके से व्याख्या करने की प्रवृत्ति रखते हैं, जो आवश्यक रूप से आपके वास्तविक जीवन के अनुभव का प्रतिनिधित्व नहीं कर सकता। उदाहरण के लिए, अपने आप को हमेशा चीजें प्राप्त करते हुए समझना या इस तरह न समझना जैसे आप चीजें प्राप्त करना चाहेंगे, जीवन अनुभव को समझने के दो अतिवादी तरीके हैं। यह मानने के बजाय कि क्या संभव है प्राप्त करना और क्या असंभव है, और जब जो मन में निर्मित है वह जीवन में नहीं हो रहा है तो परेशान होना, एक संतुलित मन बनाए रखा जा सकता है। यह समझकर कि उन चीजों के लिए इतनी चिंता करने का कोई कारण नहीं है जो आप खो देते हैं, क्योंकि चीजों को खोना जीवन का हिस्सा है। लाभ और हानि दोनों जीवन के हिस्से हैं, दोनों अनुभव परिवर्तनशील हैं।

एक व्यक्ति जो कुछ भी खुद के बारे में सोचता है, वह सांसारिक अनुभवों में कम ही हो सकता है। संवेदी जानकारी और परंपराओं के आधार पर, आप खुद की और दुनिया की सीमित तरीके से व्याख्या करते हैं, जो जरूरी नहीं कि आपके सच्चे जीवन के अनुभव का प्रतिनिधित्व करे।

उदाहरण के लिए, अपने आप को इस रूप में समझना कि आप हमेशा चीजें प्राप्त करते रहते हैं, या हमेशा चीजें उस तरह से प्राप्त नहीं करते जैसा कि आप चाहते हैं, जीवन के अनुभव को समझने के चरम तरीके हैं।

क्या प्राप्त करना संभव है और क्या प्राप्त करना संभव नहीं है, इस बारे में धारणा बनाने और जब मन में जो बना हुआ है, वह जीवन में नहीं हो रहा है, तो परेशान होने के बजाय, यह समझकर एक संतुलित मन बनाए रखा जा सकता है कि जो चीजें आप खो देते हैं, उनके बारे में इतना चिंतित होने का कोई कारण नहीं है, क्योंकि चीजों को खोना जीवन का एक हिस्सा है, हानि और लाभ दोनों ही जीवन के हिस्से हैं, दोनों अनुभव परिवर्तनशील हैं। आप दैनिक जीवन में होने वाली घटनाओं का सामना करने के लिए बुद्धि के साथ संतुलित मन बनाए रखने के लिए जीवन की गहरी समझ विकसित करना सीख सकते हैं।

आप जीवन को गहराई से समझना सीख सकते हैं ताकि दैनिक जीवन में घटनाओं का सामना करते हुए संतुलित मन बनाए रखा जा सके। आत्म और सामाजिक विभाजन सामाजिक

रूप से निर्मित संरचनाएँ हैं। जो सामाजिक रूप से निर्मित है, वह परिवर्तनशील है। अपने आप को इस तरह से समझने और स्वीकार करने की प्रवृत्ति से आपको जीवन में समस्याओं का सामना नहीं करना चाहिए, एक भ्रमपूर्ण समझ है। यह धूप का चश्मा पहनने जैसा है। अपने आप को समस्याओं से मुक्त मानना आपको वास्तविक जीवन में समस्याओं का सामना करते समय अधिक परेशान कर सकता है। इसी प्रकार, इंद्रियों से आने वाली जानकारी की स्क्रीनिंग इस आधार पर की जाती है कि आप चीजों को कैसे समझते और व्याख्या करते हैं। यह इस पर निर्भर करता है कि आप अपने, दूसरों और संसार को कैसे समझते हैं और सांसारिक जीवन का अनुभव कैसे करते हैं।

अपने आप को किसी ऐसे व्यक्ति के रूप में समझना जो सांसारिक अनुभवों को स्थिरता के साथ बनाए रख सकता है, आपको परेशान कर सकता है जब आत्म और अनुभव बीमारियों, दोस्ती और रिश्तों में बदलाव और परिस्थितियों के कारण बदलते हैं।

किसी को मित्र के रूप में और किसी अन्य व्यक्ति को मित्र न मानना आपको तनाव दे सकता है जब एक मित्र उस तरीके से व्यवहार करता है जो आपकी व्याख्या के विपरीत है। इस प्रकार, आप अपने, दूसरों, परिस्थितियों और सांसारिक अनुभवों को कैसे समझते और व्याख्या करते हैं, यह आपकी भावनाओं से संबंधित विचारों, आपके शब्दों और परिस्थितियों में आपके व्यवहार को प्रभावित करता है।

मानसिक पीड़ा का मूल कारण यह है कि आप अपने आप और परिस्थितियों की व्याख्या किस आधार पर करते हैं – आपके विचारों में अत्यधिक लालच, आपके विचारों में नफरत और आपके विचारों में सत्य को न समझ पाना (भ्रमित)। इसके बजाय, यह समझकर कि आपके विचार कैसे काम करते हैं, आप अपने आप को उन विचारों से मुक्त करने का कदम उठा सकते हैं जो आपको अत्यधिक मानसिक पीड़ा देते हैं।

बुद्धिमत्ता का उपयोग करके, आप अपने अनुभवों से सर्वश्रेष्ठ बनने की कला सीख सकते हैं।

दुनिया आपके विचारों में निर्मित होती है। जब अत्यधिक विचार आपके मन पर हावी हो जाते हैं, तो आप थकान और अशांति महसूस कर सकते हैं। समाजों में स्थापित मानकों और

सामान्य तरीकों का पालन करते हुए, संसार के अधिकांश लोग अपने विचारों से अत्यधिक लगाव रखने की प्रवृत्ति रखते हैं।

अध्याय 4:

शून्यता को समझना

सामान्य सोचने के तरीके बदलते हुए सांसारिक अनुभवों को पकड़ने से जुड़े होते हैं, और पकड़ने का अर्थ है सांसारिक अनुभवों, सामाजिक पहचान और सामाजिक विभाजनों को मन में अत्यधिक महत्व देना। यह पहचानें जैसे – "मैं युवा हूं, मैं बूढ़ा हूं, मैं अमीर हूं, मैं गरीब हूं, मैं साधु हूं, मैं गृहस्थ हूं", "मैं यहां से हूं, मेरा शहर यह है", "धम्म का यह रूप, यह परंपरा, यह जीवनशैली" आदि। हालांकि सांसारिक जीवन में सामाजिक पहचान को पूरी तरह छोड़ना व्यावहारिक नहीं है, लेकिन इन पहचानों से मन का लगाव छोड़ना व्यावहारिक है। यह समझना महत्वपूर्ण है कि सामाजिक पहचानों से लगाव मानसिक पीड़ा उत्पन्न कर सकता है। इस प्रकार, मध्यम मार्ग का अभ्यास एक ऐसा सोचने का तरीका है जिसे वास्तविक जीवन के अनुभवों के आधार पर विकसित किया जा सकता है, ताकि व्यक्ति आत्म-धारणा, सामाजिक पहचान और मानक सोचने के तरीकों से अप्रभावित रहना सीख सके।

बदलते हुए सांसारिक अनुभवों को पकड़ना मानसिक पीड़ा पैदा करता है। उदाहरण के लिए, किसी ऐसे व्यक्ति के लिए जो यह सोचता है कि आत्म में स्थिरता है, आत्म में अस्थिरता और उससे संबंधित अनिश्चितताएं मानसिक पीड़ा ला सकती हैं। भविष्य को लेकर मन में अनिश्चितताएं हो सकती हैं, जैसे "क्या होगा अगर मेरी सेहत खराब हो जाए?", "क्या होगा अगर मुझे नौकरी न मिले?", "क्या होगा अगर फिर से कोरोनावायरस लौट आए?"। अचानक, आप बहुत असहज महसूस कर सकते हैं।

इस प्रकार की अनिश्चितता के कारण होने वाली परेशानी को कम करने के लिए, जीवन को गहराई से समझने और स्थिति से संबंधित चीजों को हल करने पर ध्यान केंद्रित करना एक प्रभावी तरीका हो सकता है, बजाय इसके कि आप अत्यधिक चिंता में फंसे रहें। उदाहरण के लिए, आप खुद को याद दिला सकते हैं कि अनिश्चितता जीवन का हिस्सा है। आप खुद से कह सकते हैं, "अनिश्चितता जीवन का हिस्सा है, यही जीवन की प्रकृति है। मुझे चीजों को सुलझाने के तरीकों

पर ध्यान केंद्रित करना चाहिए और साथ ही उन चीजों को जाने देना चाहिए जो अब मेरे नियंत्रण में नहीं हैं। यह महत्वपूर्ण है कि मैं वर्तमान क्षण का पूरा उपयोग करूं। मेरे पास अभी वह सब है जो मुझे चाहिए।

"इस प्रकार, यह समझकर कि अनिश्चितता जीवन का हिस्सा है, कठिन परिस्थितियों में अपने प्रति सहानुभूति दिखाना, जो आपको मानसिक पीड़ा कम करने में मदद करता है, और खुद को यह बताना कि अनिश्चितता को लेकर असहज महसूस करना स्वाभाविक है, लेकिन अत्यधिक परेशान होने के बजाय समाधान के तरीकों पर ध्यान देना अधिक फायदेमंद है।

बुद्धिमत्ता का उपयोग करते हुए, आप आत्म-धारणा से मुक्त हो सकते हैं और मानसिक पीड़ा को कम कर सकते हैं।

जो लोग सामाजिक पहचान (आयु, जीवनशैली आदि), सामाजिक भूमिकाओं (पिता, साधु आदि), और विभाजनों (देश, परंपरा आदि) के आधार पर स्थिर आत्म को मानते हैं, उनके लिए इन पहचानों, भूमिकाओं और विभाजनों से जुड़ी अस्थिरताएं और अनिश्चितताएं मानसिक पीड़ा ला सकती हैं। उदाहरण के लिए, किसी माता-पिता की भूमिका निभाने वाले व्यक्ति को समय-समय पर बदलते पालन-पोषण के अनुभवों का सामना करने पर अत्यधिक तनाव हो सकता है। इसी प्रकार, किसी राजनीतिक भूमिका को निभाने वाले व्यक्ति को भूमिका से संबंधित बदलते अनुभवों का सामना करने पर अत्यधिक तनाव हो सकता है।

यह स्पष्ट लग सकता है, लेकिन जीवन के उतार-चढ़ाव केवल जीवन का हिस्सा हैं। यह सच्चाई समझना कि जीवन में हमेशा उतार-चढ़ाव रहेंगे, आपको कठिनाइयों को कम तीव्रता से अनुभव करने और मानसिक पीड़ा को कम करने में मदद करेगा।

"क्या आंख स्थायी है या अस्थायी?" "अस्थायी, महोदय।" "लेकिन यदि यह अस्थायी है, तो यह दुख है या सुख?" "दुख, महोदय।" "लेकिन यदि यह अस्थायी, दुखद और नष्ट होने वाला है, तो क्या इसे इस प्रकार समझा जा सकता है: 'यह मेरा है, मैं यह हूं, यह मेरा आत्मा है'?" "नहीं, महोदय।"

"यह देखते हुए, एक बुद्धिमान सज्जन व्यक्ति आंख, कान, नाक, जीभ, शरीर और मन के प्रति मोहभंग हो जाता है। मोहभंग होने पर वह विरक्त हो जाता है। विरक्त होकर वह मुक्त हो जाता है। मुक्त होने पर वह जानता है, 'यह मुक्त हो गया है'। वह समझता है: 'पुनर्जन्म समाप्त हो गया है, आध्यात्मिक यात्रा पूरी हो चुकी है, जो करना था वह किया जा चुका है, और अब किसी भी अस्तित्व की अवस्था में वापसी नहीं होगी।'"

-सुत्त नंबर १८.१, चक्कुसुत

दुनिया की सुंदर चीज़ें और सुख बंधन नहीं हैं, बल्कि उन चीज़ों का अनुभव करने या न करने की इच्छा ही मानसिक दर्द का कारण बनती है। चीज़ों का अनुभव जैसे वे आती हैं, बिना अत्यधिक इच्छा किए कि कुछ खास चीज़ों का अनुभव किया जाए या न किया जाए, और बिना अनुभवों को दिल में बहुत गहरे तक छूने के। इसके बजाय, अनुभवों और घटनाओं से अप्रभावित रहें, यह समझते हुए कि वे घटनाओं की एक धारा हैं, और यह कि अनिश्चितता जीवन का एक हिस्सा है। समझें कि एक व्यक्ति अनिश्चितता को पकड़ने से बच सकता है और प्रत्येक क्षण में समानता और संतुलित मन का अनुभव कर सकता है।

"आंख दृष्टियों का बंधन नहीं है, न ही दृष्टियाँ आंख का बंधन हैं। वहां बंधन है इच्छा और लालच, जो इन दोनों से उत्पन्न होती हैं। कान ... नाक ... जीभ ... शरीर ... मन विचारों का बंधन नहीं हैं, न ही विचार मन का बंधन हैं। वहां बंधन है इच्छा और लालच, जो इन दोनों से उत्पन्न होती हैं।"

- सुत्त नंबर ३५.२३२, कोट्ठिकसुत्त

“सामान्य समभाव के छह प्रकार क्या हैं? जब कोई व्यक्ति आंख से दृश्य देखता है, तो समभाव उत्पन्न होती है - वह साधारण व्यक्ति जो बुद्धिमत्ता का प्रयोग नहीं करता है, जो अपने सीमाओं और कर्मों के परिणामों को नहीं पार कर पाया है, और जो दोषों से अज्ञानी है। ऐसी समभाव दृश्य को पार नहीं करती। इसलिए इसे सामान्य समभाव कहा जाता है। जब कोई कान से ध्वनि सुनता है... जब कोई नाक से गंध सूंघता है... जब कोई जीभ से स्वाद चखता है... जब कोई शरीर से स्पर्श महसूस करता है... जब कोई मन से विचार जानता है, तो समभाव उत्पन्न होती है - वह साधारण व्यक्ति जो बुद्धिमत्ता का प्रयोग नहीं करता है, जो अपने सीमाओं और कर्मों के परिणामों को नहीं पार कर पाया है, और जो दोषों से अज्ञानी है। ऐसी समभाव विचार को पार नहीं करती। इसलिए इसे सामान्य समभाव कहा जाता है। ये हैं सामान्य समभाव के छह प्रकार।

अब इस संदर्भ में त्यागी समभाव के छह प्रकार क्या हैं? जब आपने दृश्यों की अनित्यता को समझ लिया है - उनका नाश होना, धीरे-धीरे लुप्त होना और अंत होना - तो समभाव उत्पन्न होती है क्योंकि आप सही समझ के माध्यम से सच्चाई से समझते हैं कि पहले और अब तक ये सभी दृश्य अनित्य, दुःखद और नाशमान हैं। ऐसी समभाव दृश्य को पार करती है। इसलिए इसे त्यागी समभाव कहा जाता है। जब आपने ध्वनियों की अनित्यता ... गंधों की ... स्वादों की ...

अधिक चिंता करना जो नहीं बदली जा सकतीं (जीवन के कुछ गिरावट, मृत्यु, अलग होना, बीमारी, पहले ही हुई हानि) बुद्धिमान नहीं है। बुद्धिमानी से समझें कि केवल चिंता करने से स्थिति का समाधान नहीं होता, और मानसिक दर्द सहन करना कठिन होता है और यह दर्द सहन करने योग्य नहीं है। इसके बजाय, अपने मन में चिंता करने के अनुभवों से जुड़ना बंद करें, यह दैनिक जीवन में मध्यम मार्ग का बुद्धिमानी से आवेदन है। इसमें आपको सामान्य ध्यान अभ्यासों की तरह कोई विशेष स्थिति बनाए रखने की आवश्यकता नहीं होती। मध्यम मार्ग का अभ्यास तब भी किया जा सकता है जब आप गंभीर रूप से बीमार हों या कठिन परिस्थितियों से गुजर रहे हों।

अध्याय 5:
जीवन के अनुभव

यह समझना कि दैनिक जीवन के अनुभवों से कैसे निपटना है, वही आपको सच्चे जीवन के अनुभवों का सामना करने में मदद करेगा। हर प्रकार की मानसिक पीड़ा; गहरी उदासी, निराशा, डर और चिंता, तब आपके मन में आती है जब जो आप उम्मीद करते हैं वह नहीं होता या आपके अपेक्षाओं के आसपास की अनिश्चितताओं के कारण होने की संभावना नहीं होती। अत्यधिक पसंद और नापसंद के कारण बहुत सारी उम्मीदें आती हैं, जो सांसारिक अनुभवों से संबंधित हैं, यह एक सार्वभौमिक सत्य है। इस प्रकार, मानसिक कष्ट का एक पूरा चक्र, चाहे उसे दुख या हानि कहा जाए, किसी के मन में स्थापित हो जाता है, क्योंकि वह पृथ्वी से जुड़े होते हैं और मानसिक रूप से दुनिया को छूने की बहुत कोशिश करते हैं। जो आप करते हैं, उनसे बहुत उम्मीद करना और दूसरों से बहुत उम्मीद करना मानसिक पीड़ा का कारण बन सकता है, जब चीजें और दूसरे आपकी अपेक्षाओं पर खरे नहीं उतरते। जो तरीका मददगार नहीं है, वह यह है कि जो आप उम्मीद करते हैं, वही होना चाहिए, क्योंकि यह सुनिश्चित नहीं है कि जो आप सोचते हैं वह हमेशा हो सकता है। इसके बजाय, जो आप उम्मीद करते हैं और जो आप उम्मीद नहीं करते, दोनों हो सकते हैं; अनिश्चितता जीवन का हिस्सा है। इसलिए, जो सत्य जीवन में लागू होता है, उसे प्रतिबिंबित करते हुए, संतुलित मन बनाए रखना दैनिक जीवन में मध्यम मार्ग का बुद्धिमान अनुप्रयोग है।

सार्वभौमिक सत्य यह है कि लोग हर स्थिति और पृथ्वी पर हर अनुभव को पूरी तरह से नियंत्रित करने की क्षमता नहीं रखते। यदि आप यह समझ सकते हैं कि परिवर्तन प्रकृति में है और जीवन के उतार-चढ़ाव हर किसी के जीवन का हिस्सा हैं; और इस समझ को अपने दिन और रात में बनाए रखें; जो चला गया है उसे छोड़ दें; जीवन का सर्वोत्तम उपयोग करें; उन कार्यों का ध्यान रखें जिनका ध्यान रखना आवश्यक है, बिना यह उम्मीद किए कि वे कार्य अपेक्षित परिणाम लाएंगे या नहीं, बल्कि बस अपना सर्वश्रेष्ठ प्रयास करें। इन चीजों को करना आपको समस्याओं को सबसे अच्छे तरीके से हल करने की अनुमति देगा और चिंताओं को कम करेगा। अपनी बुद्धिमत्ता का विकास करें, ताकि आप जान सकें कि आप क्या बदल सकते हैं और क्या नहीं, और जो आप कर सकते हैं उसे करने के लिए, और जो चीजें बदलना संभव नहीं हैं, उन्हें छोड़ देना जीवन के प्रति एक बुद्धिमान दृष्टिकोण है।

अध्याय 6:
जागरण

प्रकृति हर किसी को जीवन में हर प्रकार के अनुभवों का सामना कराती है। वे विचार जो किसी व्यक्ति के मन में आते हैं, वे स्वयं, दूसरों और दुनिया के बारे में एक दृष्टिकोण बनाते हैं। फिर भी, ऐसा हो सकता है कि एक सामान्य व्यक्ति के लिए, जो प्रशिक्षित नहीं है, प्रकृतिक स्वायत्त सोच की प्रक्रिया उसे यह सोचने और अपेक्षाएँ करने के लिए प्रेरित कर सकती है कि जीवन में केवल अच्छे अनुभव ही हो सकते हैं, जब वह अपने संवेदी अनुभवों के माध्यम से दुनिया को समझने की कोशिश करता है। ऐसा करते समय, व्यक्ति शायद सचेत या अवचेतन रूप से यह समझे कि जो कुछ मन में बनाया गया है, वह वास्तविक जीवन के अनुभवों से ज्यादा महत्वपूर्ण है। व्यक्ति उस सोच को अधिक महत्व दे सकता है जो उसके मन में बनाई गई है। इस प्रकार सोचते हुए, एक सामान्य व्यक्ति जीवन में केवल अच्छे अनुभवों की अपेक्षा करने और उन्हें स्वीकारने के लिए तैयार होता है। उदाहरण के लिए, सामान्यतः लोग मानते हैं कि जन्म एक आसान विचार है (जन्म को अधिक स्वीकार किया जाता है) और मृत्यु एक कठिन विचार है (मृत्यु को कम स्वीकार किया जाता है या अनिच्छा से स्वीकार किया जाता है); अच्छे स्वास्थ्य को अधिक स्वीकार किया जाता है, और बुरे स्वास्थ्य को कम स्वीकार किया जाता है; हंसी को अधिक स्वीकार किया जाता है, और रोना कम स्वीकार किया जाता है। इस प्रकार, लोग अपने मन में यह सूची बनाते हैं कि क्या स्वीकार्य है और क्या नहीं। जब एक सामान्य व्यक्ति संवेदी अंगों से आ रही जानकारी को अपने मन में बनाए गए वास्तविक अनुभवों के रूप में संसाधित करता है, बजाय इसके कि वह वास्तविक जीवन के अनुभवों को समझे, तो ऐसे विचार, जो पूर्वाग्रह से भरे होते हैं, भ्रम का कारण बन सकते हैं।

हालांकि वास्तविक जीवन का अनुभव यह दिखाएगा कि जीवन के उतार-चढ़ाव दोनों ही जीवन का हिस्सा हैं, एक व्यक्ति की दुनिया की मन-निर्मित समझ वास्तविक जीवन के अनुभव से अलग हो सकती है। जब वास्तविक और मन में बनाए गए विचारों के बीच अंतर होता है, तो वास्तविक जीवन के अनुभव और व्यक्ति की मन-निर्मित समझ के बीच का अंतर व्यक्ति के लिए तनाव और दबाव का कारण बन सकता है, और व्यक्ति के मन में सामंजस्य और शांति खो सकती

है। यदि व्यक्ति अपने मन की समझ को वास्तविक जीवन के अनुभव से करीब लाता है, तो वह जीवन में संतोष और शांति प्राप्त कर सकता है।

जब अप्रिय घटनाओं का सामना होता है, तो एक सामान्य व्यक्ति अत्यधिक मानसिक पीड़ा का सामना कर सकता है, विशेष रूप से जब उसका मन जीवन के कुछ पहलुओं को छिपाने की आदत में होता है, यदि वे जीवन का हिस्सा नहीं होते। इसके बजाय, जीवन के उन पहलुओं को छिपाना बंद कर देना चाहिए जो जीवन का हिस्सा हैं, और स्पष्टता से देखना चाहिए, ताकि मन वास्तविक जीवन के अनुभव को समझ सके और यह समझ सके कि उतार-चढ़ाव हमारे सभी के लिए स्वाभाविक हैं। ऐसा करने से, मन-निर्मित चीजों को वास्तविक समझ के रूप में पकड़ने की मानसिकता को छोड़ दिया जाता है। एक बुद्धिमान व्यक्ति सामान्य दृष्टिकोणों से परे देखने की समझ विकसित कर सकता है। जीवन की सीमित और संकुचित समझ अत्यधिक तनाव उत्पन्न कर सकती है। इसके बजाय, यदि व्यक्ति पूर्वाग्रह से गलत सोच को कम करता है और जीवन और मन की सीमित समझ से मुक्त होता है, तो वह जीवन और मन की सही समझ विकसित कर सकता है। जीवन का सही दृष्टिकोण व्यक्ति को सांसारिक अनुभवों के माध्यम से प्राप्त खुशी को बढ़ाने में मदद करेगा (जैसा कि सांसारिक अनुभवों को संवेदी जानकारी के माध्यम से संसाधित किया जाता है, उन्हें पूरी तरह से समाप्त करना व्यावहारिक नहीं है) और साथ ही सांस्कृतिक परंपराओं के साथ जीने में मदद करेगा।

एक बार जन्म लेने के बाद, व्यक्ति वह परिवर्तन अनुभव करता है जो प्रकृति द्वारा लाए जाते हैं। ब्रह्मांड में प्रकृति और संवेदी जानकारी से आने वाले सांसारिक अनुभवों के बीच फंसा हुआ व्यक्ति, अपने विचारों में स्वयं, दूसरों और दुनिया का निर्माण कर सकता है। पृथ्वी पर रहते हुए, व्यक्ति कुछ चीजें सोच सकता है, और जो वह सोच रहा है, वह वास्तविक जीवन में नहीं हो सकता। जब व्यक्ति के विचारों और उसके पृथ्वी पर और जीवन में अनुभवों के बीच विसंगति होती है, तो व्यक्ति तनाव और असमर्थता महसूस कर सकता है।

सच्चाई को न समझना मानसिक पीड़ा उत्पन्न कर सकता है। सच्चाई को समझने से व्यक्ति को सांसारिक जीवन का अनुभव बिना पछताए करने का अवसर मिलता है। यह समझना कि परिवर्तन सभी के लिए स्वाभाविक है, केवल यह देखना कि चीजें कैसे खुल जाती हैं, और उन चीजों पर अधिक चिंतित न होना जिन्हें हम नियंत्रित या बदल नहीं सकते, जो चला गया है उसे छोड़ देना, जो काम करना है उसे उचित तरीके से करना, जो हल हो सकता है उसे हल करने के

लिए लगना, और जो उपलब्ध है उसका अधिकतम उपयोग करना, यही जीवन को पूरी तरह से जीने का बुद्धिमानी तरीका है। जब व्यक्ति यह समझता है कि ब्रह्मांड में कुछ चीजें नहीं बदली जा सकतीं, कि हर चीज प्राप्त नहीं की जा सकती, और इसलिए उन चीजों को छोड़ देना चाहिए जिन्हें बदला नहीं जा सकता, लेकिन जो किया जा सकता है उसे बिना पछताए करना चाहिए, तो यह एक बुद्धिमान तरीका है; यह आत्म-दृष्टि को त्यागने और श्रेष्ठ जीवन की दिशा में मध्यम मार्ग पर चलने का तरीका है। दूसरों और समाज से स्वीकृति या अस्वीकृति की अत्यधिक निर्भरता और उनसे अपेक्षाएँ रखने के बजाय, व्यक्ति अच्छे कार्य करने और बुरे कार्यों से बचने का निर्णय लेता है और अपने दिल के प्रति सच्चा रहता है, तो वह अपनी आंतरिक शांति पा सकता है, भले ही दूसरे लोग क्या सोचते हैं या कहते हैं। इस प्रकार, व्यक्ति दूसरों और दुनिया की उपस्थिति में संतुष्ट और अप्रभावित रह सकता है, न तो खुद को नुकसान पहुंचाता है और न ही दूसरों को, और यह मध्यम मार्ग को विकसित करने का तरीका है।

अध्याय 7:

सोचने के पैटर्न

जन्म से ही, लोगों को एक संरचित तरीके से सोचने की ट्रेनिंग दी जाती है। मानक सोचने के तरीकों से लोग अपने दिमाग में सांसारिक जीवन को बहुत अधिक छूने के लिए प्रेरित होते हैं और मानव निर्मित पहचान, विभाजन, प्रणालियों (राजनीतिक, आर्थिक प्रणालियाँ, जन्मदिन मनाने का तरीका, डिग्री हासिल करने का तरीका, अनुष्ठानों के आधार पर संन्यासी बनना, अंतिम संस्कार करना) और काम करने के तरीकों और परंपराओं (भाषा, शब्द आदि) में फंसे रहने से एक सीमित दृष्टिकोण बनाए रखते हैं, जिनमें सामान्य सोच के तरीके भी शामिल हैं।

मानक सोचने के तरीकों के आधार पर, एक बच्चा यह सोचने के लिए प्रेरित हो सकता है: "मैं खुश तब हो सकता हूँ जब मैं बड़ा हो जाऊँगा और करियर बना लूंगा"; एक युवा व्यक्ति यह सोचने के लिए प्रेरित हो सकता है: "मैं खुश तब हो सकता हूँ जब मैं अपनी डिग्री पूरी कर लूंगा"; और एक वृद्ध व्यक्ति यह सोच सकता है: "मैं खुश तब हो सकता हूँ जब मैं रिटायर हो जाऊँगा", ये सभी सामान्य सोचने के तरीकों पर आधारित हैं। बचपन से ही लोगों को यह बताया जाता है कि वे उन चीजों में संतुष्टि तलाशें जो उनके पास नहीं हैं और उन्हें उन चीजों के बारे में सोचना चाहिए जो भविष्य में प्राप्त करनी हैं। इस प्रकार, सामान्य मानक हमें उस समय में जीने के लिए प्रेरित करते हैं जिसमें हम नहीं जी रहे होते और उन चीजों की उम्मीद करते हैं जो हमारे पास नहीं होतीं। हमें सांसारिक अनुभवों से बार-बार जुड़ने के लिए प्रेरित किया जाता है; यह एक सोचने का चक्र बन जाता है। सामान्य तरीकों के आधार पर, जन्म से ही, हर कोई एक ऐसे सोचने के सिस्टम में फंस जाता है जो उन्हें दर्द के चक्र में फंसा देता है और बार-बार बांधता है।

इसी तरह, सामान्य सोचने के तरीकों में से एक तरीका यह है कि सांसारिक अनुभवों के माध्यम से संतुष्टि की तलाश की जाए और एक अंतहीन तरीके से लक्ष्यों को निर्धारित किया जाए। उदाहरण के लिए, एक बच्चा स्कूल खत्म करने के लिए काम करने के लिए प्रेरित होता है, एक वयस्क को नौकरी या करियर पाने के लिए प्रेरित किया जाता है और एक वृद्ध व्यक्ति को रिटायर होने के लिए प्रेरित किया जाता है, जिसमें गतिविधियों को धीमा करना और अंततः मृत्यु तक पहुंचना शामिल है। ऐसे लक्ष्य रखना एक बात है, लेकिन यह सोचना कि ये लक्ष्य स्थिरता के साथ

बने रहेंगे और इनसे मानसिक रूप से बहुत ज्यादा जुड़ने की प्रवृत्ति होगी, यह दूसरी बात है। ऐसे लक्ष्यों और सांसारिक अनुभवों से अत्यधिक पसंद, नापसंद या बहुत अधिक अपेक्षाएं रखना एक और बात है। एक मन जो लक्ष्यों को बहुत ज्यादा पकड़ता है या बहुत ज्यादा जुड़ता है (लालच, घृणा या भ्रांति के साथ) वह व्यक्ति को मानसिक कष्ट का अनुभव करा सकता है। इस प्रकार, लक्ष्यों का होना और उनके लिए काम करना मानसिक कष्टों का मूल कारण नहीं है; असल कारण वह मन है जिसमें सांसारिक जीवन के प्रति अत्यधिक अपेक्षाएं और पसंद-नापसंद होती हैं। एक प्रशिक्षित मन सांसारिक अनुभवों में खुशी और संतुष्टि पाने के लिए संघर्ष कर सकता है। फिर भी, यदि आप यह समझते हैं कि अपरिहार्य रूप से बदलने वाली चीजों पर मानसिक दर्द अनुभव करना निरर्थक है, तो आप अपने विचारों को प्रशिक्षित और फिर से ढाल सकते हैं ताकि आप हर नए क्षण में खुशी का अनुभव कर सकें, चाहे परिस्थितियाँ कैसी भी हों।

जन्म से ही, हर कोई सामान्य सोचने के तरीके का पालन करता है। फिर भी, किसी समय या समय के साथ, कुछ लोग यह महसूस करते हैं कि वे सामान्य सोचने और करने के तरीकों से मेल खाने की कोशिश करते हुए मानसिक दर्द या मानसिक दबाव का सामना करते हैं। जब लोग इसे समझते हैं, तो वे सोचने के चक्र से बाहर निकल सकते हैं।

इस प्रकार, बुद्ध के धर्म को समझने के माध्यम से, आप सामान्य सोचने के तरीकों को मध्यम मार्ग के माध्यम से पार कर सकते हैं। अपने जीवन के अनुभवों के आधार पर, यदि आप यह समझते हैं कि परंपराएँ और सांसारिक अनुभव परिवर्तनशील हैं, तो यह समझ का पहला कदम है। फिर, यदि आप यह समझते हैं कि सांसारिक जीवन में शुरू होने वाली चीजें अंत में समाप्त होती हैं, तो यह सभी प्राणियों के प्राकृतिक और सार्वभौमिक कार्य करने का हिस्सा है। इसलिए, आप यह महसूस करेंगे कि बदलती हुई चीजों से जुड़ने से मानसिक दर्द होता है, जो सहन करना कठिन और निरर्थक होता है। यह समझ का दूसरा कदम है। यह स्वीकार करते हुए कि चीजें वैसे भी सांसारिक जीवन में बदल रही हैं, बदलती हुई अनुभवों को पकड़ने से हाथ छोड़ना, यह आपके और दूसरों के भले के लिए एक समझदारी भरी बात है (ताकि आप एक खुशहाल व्यक्ति बन सकें, और खुश लोग दूसरों के साथ खुशी साझा कर सकें)। यह समझ का तीसरा कदम है। ये तीन कदम आपके मध्यम मन प्रशिक्षण को विकसित करने में मदद कर सकते हैं।

अपनी व्यक्तिगत अनुभवों को समझदारी से समझकर, जीवन के अनुभवों और सत्य को समझने से, आप सोच को फिर से ढालना सीख सकते हैं ताकि आप उस सत्य को स्वीकार कर

सकें जो सभी पर लागू होता है; जो चीजें चली गई हैं, उन्हें छोड़ दें (उन्हें अपने मन में ज्यादा न पकड़ें जिससे तनाव हो), ध्यान केंद्रित करें और उन चीजों पर ध्यान दें जिन्हें ध्यान देने की आवश्यकता है, अपने आप और दूसरों का सबसे अच्छा स्तर तक देखभाल करें जब तक वे वहाँ हैं। मानक सोचने के तरीकों से परे सोचने के लिए समझदारी की आवश्यकता होती है।

अध्याय 8:

साधारण साधकों के लिए मार्ग: समझ के स्तर

व्यक्तिगत अनुभव के आधार पर, एक व्यक्ति वास्तविक जीवन को गहराई से समझ सकता है और उन सच्चे जीवन अनुभवों से जागरूक हो सकता है जो सभी के लिए सार्वभौमिक रूप से लागू होते हैं। वास्तविक जीवन के अनुभवों की गहरी समझ प्राप्त करना किसी चीज़ या विश्वास को सिर्फ स्वीकार करने से अलग है। इसका कारण यह है कि विश्वास स्वीकृति की संभावना को दर्शाता है; किसी चीज़ को निश्चितता की डिग्री के साथ संभावित रूप से स्वीकार करना, निर्वाण की ओर जाने वाले मार्ग को समझने की निरंतरता पर एक निम्न स्तर की समझ को इंगीत करता है। इस प्रकार, निर्वाण की ओर जाने वाला मार्ग विभिन्न स्तरों की समझ का होता है। इसके बजाय, जब यह विश्वास हो जाता है कि वास्तविक जीवन अनुभव या सांसारिक जीवन कष्टप्रद है - जब एक सामान्य व्यक्ति यह समझता है कि सांसारिक जीवन के अनुभव निश्चित रूप से कष्टप्रद हैं, बिना किसी संदेह के, तो यह उनके लिए मध्यम मार्ग की साधना में प्रवेश का बिंदु होता है।

यह सोचते हुए कि सांसारिक अनुभवों से प्राप्त खुशी और आनंद हमेशा के लिए रह सकते हैं, एक सामान्य व्यक्ति जन्म से ही मानसिक रूप से संसार से जुड़ा रहता है, बार-बार सांसारिक अनुभवों को बहुत पसंद या नापसंद करता है। जब खुशी और सुख सांसारिक अनुभवों से उत्पन्न होते हैं, तो उन्हें बहुत पसंद करने से, व्यक्ति यह उम्मीद कर सकता है कि वह और अधिक खुशी और सुख सांसारिक जीवन के माध्यम से अनुभव करेगा। फिर भी, सांसारिक जीवन से प्राप्त खुशी और सुख में परिवर्तन होता है; खुशियाँ दुख में बदल सकती हैं, और सुख असंतोष में बदल सकता है। अक्सर, वही चीज़ जो आपने सबसे अधिक पसंद की होती है, जब वह बदलती है, तो वह सबसे अधिक मानसिक पीड़ा उत्पन्न करती है। इस प्रकार, सामान्य सोच के आधार पर, एक सामान्य व्यक्ति (जो जन्म से इस मार्ग पर चलता है) प्रारंभ में भ्रमित हो सकता है और जब वह जीवन में बदलते हुए सांसारिक अनुभवों का सामना करता है, तो वह अविश्वास या सदमा महसूस कर सकता है। जीवन का अनुभव आघात, रिश्तों की समस्याएं, वित्तीय संघर्ष, बीमारियाँ, किसी करीबी का निधन और विभिन्न अन्य कठिन सांसारिक अनुभवों से लेकर सामाजिक-आर्थिक दबावों तक भिन्न हो सकता है। फिर भी, व्यक्तिगत जीवन के अनुभवों के आधार पर,

यदि व्यक्ति यह बिना किसी संदेह के समझता है कि सांसारिक जीवन और सामान्य तरीके से सोचने से मानसिक पीड़ा होती है, तो परिवर्तन को समझना निरर्थक हो जाता है, क्योंकि वे वैसे भी बदलने वाले हैं। इसके बजाय, उनका सबसे अधिक लाभ उठाना बुद्धिमानी है। इस प्रकार, सत्य के प्रति जागरूकता का अर्थ है जीवन के अनुभवों को अधिक गहराई से बुद्धिमत्ता से समझना।

यदि एक सामान्य व्यक्ति को सांसारिक जीवन पर संदेह है, तो वह यह सोच सकता है कि सांसारिक जीवन और अधिक आनंद उत्पन्न कर सकता है, और वह सांसारिक अनुभवों से मानसिक रूप से जुड़े रहने की इच्छा नहीं छोड़ेगा, चाहे उसकी जीवनशैली और साधना अभ्यास कुछ भी हों। इसके बजाय, जो लोग महसूस करते हैं कि उनकी पूरी दुनिया ढह गई है और उनके सारे सपने टूट गए हैं, यदि वे बुद्धिमान हैं, तो उन्हें सांसारिक जीवन के अनुभवों पर संदेह को दूर करने की क्षमता हो सकती है और वे यह महसूस कर सकते हैं कि सांसारिक जीवन से जुड़े रहना उन्हें मानसिक दुःख देता है।

यह महसूस करना कि जैसे दुनिया उन पर गिर पड़ी हो और प्रत्येक व्यक्ति के अपने विचारों में दुनिया के ढहने और उनके सपनों के टूटने का अनुभव करना एक व्यक्तिगत प्रक्रिया है, क्योंकि यह इस बात पर निर्भर करता है कि प्रत्येक व्यक्ति अपनी दुनिया के ढहने और उनके सपनों के टूटने को किस हद तक समझता है। फिर भी, चूंकि एहसास एक व्यक्तिगत प्रक्रिया है और यह व्यक्ति की बुद्धिमत्ता पर निर्भर करता है, यह संभव है कि एक व्यक्ति जीवन में केवल एक या दो बुरे घटनाओं और अनुभवों का सामना करके यह समझ सके कि सांसारिक जीवन से जुड़े रहना मानसिक दुःख उत्पन्न कर सकता है। किसी अन्य व्यक्ति के लिए, इसे समझने में थोड़ा अधिक समय लग सकता है। उदाहरण के लिए, कोई व्यक्ति यह समझ सकता है कि सांसारिक जीवन से जुड़े रहना मानसिक दुःख उत्पन्न करता है, जब वह अपने जीवन में कई बुरे घटनाओं और अनुभवों का सामना करता है। किसी भी मामले में, एक बुद्धिमान व्यक्ति अंततः जीवन के अनुभव से यह समझ जाएगा कि सांसारिक जीवन से जुड़े रहना मानसिक दुःख उत्पन्न करता है। उनके लिए, यह समझना उचित होगा कि सांसारिक अनुभवों से जुड़े रहना छोड़ देना चाहिए, असहनीय दुःख से मुक्त होना चाहिए, स्थिर शांति का अनुभव करना चाहिए और अपनी दैनिक जीवन में मध्यम मार्ग के माध्यम से सांसारिक संतोष को बढ़ाना चाहिए। इस प्रकार, मध्य मार्ग बहुत व्यवहारिक है।

व्यक्तिगत जीवन के अनुभवों के आधार पर, यदि कोई व्यक्ति सांसारिक कष्टों का सामना करता है और यह समझता है कि जीवन आसान नहीं है, तो यह प्रकार की समझ एक सामान्य

साधक को मध्य मार्ग की साधना करने की प्रेरणा देती है। अगले स्तर पर, यदि एक सामान्य व्यक्ति समझता है कि सांसारिक जीवन को पकड़ना निश्चित रूप से मानसिक दुःख उत्पन्न करता है, और यह दुःख के लायक नहीं है, तो यह प्रकार की समझ एक सामान्य साधक को मध्यम मार्ग में निरंतर साधना करने में मदद करती है। अन्यथा, कोई केवल मार्ग के बारे में सुनेगा और बात करेगा, लेकिन मध्यम मार्ग की साधना का पालन नहीं करेगा। इस प्रकार, एक सामान्य साधक के लिए धम्म का अभ्यास इसका मतलब है कि धम्म को अपने ऊपर लागू करना, और धम्म के अभ्यास के परिणामस्वरूप, उनके अहंकार, लालच और सांसारिक अनुभवों के प्रति अत्यधिक दुःख को कम करना चाहिए। यदि ये चीजें कम नहीं होतीं, तो यह कहना अव्यावहारिक होगा कि किसी ने वर्षों की साधना के बावजूद धम्म का अभ्यास किया है।

अध्याय 9:

उत्तम सोचने के तरीके

पहचान बचपन में बनती हैं, और इसके साथ लोग अपनी बनाई हुई पहचान के आधार पर दूसरों और अपने आस-पास की चीजों से अपेक्षाएँ विकसित करते हैं। उदाहरण के लिए, एक बच्चा स्वयं को पहचानना सीखता है और यह उम्मीद करता है कि माता-पिता से देखभाल मिलेगी, क्योंकि बच्चा जानता है कि माता-पिता से देखभाल मिल सकती है, दोस्तों से दोस्ती मिल सकती है, और जो लोग दोस्त नहीं हैं उनसे दोस्ती नहीं मिल सकती। जब एक व्यक्ति अपने अनुभवों से स्वयं, दूसरों और दुनिया के प्रति पसंद और नापसंद विकसित करता है, और जब पसंद और नापसंद असंगत हो जाती हैं, और जब किसी व्यक्ति की अपेक्षाएँ अपने स्वयं, दूसरों और दुनिया से अनुभवों से मेल नहीं खातीं, तो व्यक्ति तनाव का अनुभव कर सकता है।

संसार इस तरह से काम करता है कि लोग जीवन के उतार-चढ़ाव का सामना करते हैं। सामान्य साधक मध्यम मार्ग की साधना को इस समझ के आधार पर विकसित कर सकते हैं कि संसार कैसे काम करता है, यह समझ कि उतार-चढ़ाव जीवन का हिस्सा हैं, यह करते हुए जो जरूरी और लाभकारी है, बिना ज्यादा चिंता किए, अपेक्षाएँ कम करने के तरीके के रूप में बुद्ध के धम्म का पालन करते हुए, और श्रेष्ठ मार्ग की ओर बढ़ते हुए। इसे मध्य-मनोवृत्ति प्रशिक्षण कहा जाता है। सामाजिक प्रथाएँ (अनुष्ठान) आत्म-दृष्टि, दूसरों और दुनिया को और मजबूत करती हैं और निर्वाण प्राप्त करने के लिए प्रशिक्षण देती हैं, जिसका अर्थ है जुड़े रहने को छोड़ देना, मानसिक रूप से सामाजिक प्रथाओं को अधिक महत्व न देना और ऐसे विचारों से बचना, बल्कि अच्छा व्यक्ति बनकर अच्छे कार्य करना और बुरे कार्यों से बचना, अपने हृदय से सच्चे रहते हुए। इस प्रकार, एक व्यक्ति आत्म-अभ्यास, जिम्मेदारी और स्वतंत्रता का विकास कर सकता है ताकि वह आत्म-दृष्टि, दूसरों और सांसारिक जीवन के जुड़े रहने से मुक्त हो सके। यह देखते हुए कि आत्म-दृष्टि और सांसारिक जीवन सभी लोग अपने विचारों में अनुभव करते हैं, न कि अपने विचारों से बाहर, बुद्ध का मार्ग दिखाता है कि कैसे एक व्यक्ति आत्म-दृष्टि और दूसरों से मानसिक रूप से संतुष्टि प्राप्त कर सकता है और मुक्त हो सकता है। आत्मा स्वयं को सबसे अच्छी तरह जानती है। उदाहरण के लिए, एक व्यक्ति जो अच्छे काम करने और बुरे कामों से बचने में पूरा प्रयास करता है, वह आत्म-निंदा, दूसरों और दुनिया को दोषी ठहराने से मुक्त हो सकता है। उदाहरण के लिए, एक व्यक्ति जो

बहुत बीमार है, वह अपनी क्षमता के अनुसार इलाज करवाने की कोशिश करेगा, जबकि अपेक्षाएँ कम रखते हुए। इससे व्यक्ति को संतुष्टि मिलती है और समस्या को हल करने का सर्वोत्तम तरीका भी मिल जाता है। इस प्रकार, मध्य-मनोवृत्ति प्रशिक्षण को लागू करने की बुद्धिमत्ता और साधारण तरीकों से परे सोचने की क्षमता, और स्वयं पर धम्म को लागू करने की क्षमता, प्रारंभिक योग्यताएँ हैं जो किसी को संतुष्टि, शांति प्राप्त करने और मानसिक रूप से अस्तित्व समाप्त करने की अनुमति देंगी; निर्वाण।

यह सोचते हुए कि आत्मा और सांसारिक अनुभवों में स्थिरता बनाए रखना संभव है, एक व्यक्ति जन्म से ही मानसिक रूप से सांसारिक अनुभवों से अत्यधिक जुड़ने की आदत बना सकता है। आप सामान्य सोच के तरीकों को सत्य या वास्तविकता के सही प्रतिबिंब के रूप में ले सकते हैं। फिर भी, जब आत्मा और सांसारिक अनुभवों में परिवर्तन होते हैं, तो सामान्य तरीकों पर आधारित आपका सोच सत्य जीवन के अनुभवों से मेल नहीं खा सकता। जब जीवन में होने वाली घटनाएँ आपके सोच से मेल नहीं खातीं, और जब जो आप अनुभव करने की उम्मीद कर रहे थे, वह जीवन में नहीं हो रहा होता, तो आपको असंतोष का अनुभव हो सकता है।

सामान्य सोच वह है जो सामान्य है, सामान्य वह है जो सामाजिक रूप से बनाया गया है, और जो सामाजिक रूप से बनाया गया है वह व्यक्ति के जीवन में होने वाली घटनाओं से मेल नहीं खाता, जो सार्वभौमिक तरीकों पर आधारित है; जन्म, मृत्यु, बीमारियाँ और उतार-चढ़ाव जो सभी लोग सांसारिक जीवन में अनुभव करते हैं। जो सामाजिक रूप से निर्मित है (दृष्टिकोण; स्थिर आत्म, दूसरों और दुनिया सहित परंपराएँ) उसे ब्रह्मांड और इसके कार्य करने के तरीके द्वारा कोई महत्व नहीं दिया जाता है। सभी प्राणी, उनके सामाजिक पहचान और वर्गीकरण के बावजूद, बेतरतीब ढंग से जन्म, मृत्यु, उतार-चढ़ाव का अनुभव करते हैं। इस प्रकार, सामाजिक रूप से बनाई गई सामान्य सोच की सीमाएँ हैं; ऐसी सोच व्यक्ति के सत्य जीवन के अनुभवों से मेल नहीं खाती।

"एक सामान्य व्यक्ति जो निर्वाण प्राप्त नहीं कर चुका है, जिसे आर्य जनों के बारे में कोई समझ नहीं है, और जो अपने धम्म अभ्यास में न कुशल है और न अनुशासित है, जिसे बुद्ध के सच्चे शिष्यों के प्रति कोई सम्मान नहीं है और जो अपने धम्म में न कुशल है और न अनुशासित है, वह यह नहीं समझता कि कौन सी चीजें ध्यान देने योग्य हैं और कौन सी चीजें ध्यान देने योग्य नहीं हैं। चूंकि ऐसा है, वह उन चीजों पर ध्यान देता है जो ध्यान देने योग्य नहीं हैं और उन चीजों पर ध्यान नहीं देता जो ध्यान देने योग्य हैं।"

"यही है, जब कोई असावधानी से ध्यान देता है: 'क्या मैं पहले था? क्या मैं पहले नहीं था? मैं पहले क्या था? मैं पहले कैसा था? क्या था, मैं पहले क्या बन गया था? क्या मैं भविष्य में रहूँगा? क्या मैं भविष्य में नहीं रहूँगा? मैं भविष्य में क्या बनूँगा? मैं भविष्य में कैसा रहूँगा? क्या था, मैं भविष्य में क्या बनूँगा?' या फिर वह वर्तमान के बारे में मानसिक रूप से उलझन में है और सोचता है: 'क्या मैं हूँ? क्या मैं नहीं हूँ? मैं क्या हूँ? मैं कैसा हूँ? यह प्राणी कहाँ से आया है? यह कहाँ जाएगा?'

- एमएन २, सब्बासवसुत

इस प्रकार, यह सत्य जो कि सभी के लिए सार्वभौमिक रूप से लागू है, यह है कि जो कुछ भी उनके पास है वह परिवर्तन के अधीन है और जब शाब्दिक अनुभवों में परिवर्तन होते हैं, तो कुछ परिवर्तन मानसिक कष्ट ला सकते हैं।

"धम्म कोई परंपरा नहीं है; काल्पनिक दार्शनिकता नहीं है, बल्कि यह चार गुना निर्वाण के माध्यम से प्राप्त सार्वभौमिक घटना है और इसे बिल्कुल सही तरीके से उपदेशित किया गया है।"

- अंगुत्तर निकाय ११.१२

यह सार्वभौमिक रूप से लागू होता है कि मानसिक पीड़ा को सत्य जीवन अनुभवों को समझकर कम किया जा सकता है; जीवन में उतार-चढ़ाव और प्राकृतिक एवं सार्वभौमिक कार्यप्रणाली दोनों होते हैं। मानसिक पीड़ा को दैनिक जीवन में बदलते हुए भौतिक अनुभवों से मानसिक जुड़ाव को कम करके घटित किया जा सकता है।

उत्तम सोच का तरीका यह है कि मानसिक रूप से समाज द्वारा बनाए गए पहचान को न पकड़ा जाए, क्योंकि परिवर्तनशील पहचान से जुड़े रहना निरर्थक है। पहचान के दृष्टिकोण (मैं जवान हूं, मैं बूढ़ा हूं, मैं साधु हूं, मैं गायक हूं) और सामाजिक विभाजन समाज द्वारा निर्मित संरचनाएं हैं। जो सामाजिक रूप से निर्मित है, वह परिवर्तनशील होता है।

उत्तम सोच के तरीके पृथ्वी को इस तरह से विभाजित नहीं करते (मतलब, ऐसे विचारों को मानसिक रूप से ज्यादा महत्व नहीं देना; मैं इस देश से हूं... मैं बेहतर हूं...) और आत्म-दृष्टिकोण को कई तरीकों से पकड़ने से बचते हैं। जो कोई यह सोचता है कि आत्मा में कोई स्थिरता नहीं है (आत्म-दृष्टिकोण), उसके लिए आत्मा में अस्थिरता मानसिक पीड़ा नहीं लाएगी।

उत्तम सोच का अभ्यास करने के लिए, आपको बहुसंख्या के सोचने और करने के तरीके से ऊपर उठना होगा। उदाहरण के लिए, मान लीजिए कि किसी विशेष क्षेत्र में, अधिकांश व्यक्ति जीवों को मारने में संलग्न हैं, या दूसरों के साथ भेदभाव करते हैं (जैसे लिंग, वर्ग, राष्ट्रीयता, उम्र, शिक्षा, पद के आधार पर), और उनके लिए यह एक सामान्य बात है, जो समाज में स्वीकृत प्रथा के रूप में है। इसके बजाय, जो व्यक्ति मध्यम मार्ग के अभ्यास के माध्यम से आंतरिक शांति की आकांक्षा करता है, वह खुद तय करेगा कि, क्योंकि अन्य लोग जीवों को मारने में संलग्न हैं या दूसरों को कष्ट देने वाली बातों में शामिल हैं (जैसे दूसरों के साथ भेदभाव), तो उस व्यक्ति को ऐसे कामों में शामिल होने की आवश्यकता नहीं है। यह एक साधक को आत्म-ज़िम्मेदारी और एक आत्म-अभ्यास विकसित करने की अनुमति देता है, जो अच्छा करने के लिए दूसरों के कार्यों और कथनों से परे जाता है।

इस प्रकार, दूसरों की भौतिक उपस्थिति (या अनुपस्थिति) के बावजूद, यदि आप हमेशा अच्छा करने का चुनाव करते हैं, तो आप भीतर शांति पा सकते हैं। जब आप बहुसंख्या के सोचने और करने के सामान्य तरीके से ऊपर उठते हैं, तो आप भीतर एक शांति और संतोष पा सकते हैं, जो सामान्य तरीकों में खोजना कठिन होता है।

अध्याय 10:

ख़ुशी

मध्यम मार्ग का अभ्यास व्यक्ति के जीवनशैली और दैनिक जीवन में अपनी पसंद, नापसंद और अपेक्षाओं को कम करके प्राप्त किया जा सकता है। इसका कारण यह है कि कोई भी व्यक्ति स्वयं, दूसरों और संसार को केवल एक व्यक्तिपरक अनुभव के रूप में ही अनुभव कर सकता है। वह मन जो विषय और वस्तु के बीच भेद करता है, वह भी एक व्यक्तिपरक अनुभव है। दूसरे शब्दों में, यह देखते हुए कि एक व्यक्ति केवल अपने विचारों में ही स्वयं का अनुभव कर सकता है, न कि किसी और के विचारों और मन में, मध्यम मार्ग में अपनी पसंद, नापसंद और अपेक्षाओं को छोड़ने का अभ्यास एक व्यक्तिपरक अनुभव है, जिसमें व्यक्ति अपने आत्मदृष्टिकोण, दूसरों और संसार को छोड़ता है।

मध्यम मार्ग एक ऐसा अभ्यास है जो व्यक्ति पर निर्भर है; यह किसी के जीवनशैली को बदलने की आवश्यकता नहीं है, बल्कि व्यक्ति की जीवनशैली और दैनिक जीवन में अपनी पसंद, नापसंद और अपेक्षाओं को कम करने की आवश्यकता है। यही कारण है कि जो साधक मठवासी जीवन जी रहे हैं और जो मठवासी जीवन नहीं जी रहे हैं, किसी भी परंपरा के साधक और यहां तक कि वे लोग जो कोई आध्यात्मिक अभ्यास नहीं करते, अपने जीवनशैली को इस प्रकार से समायोजित कर सकते हैं कि वे अपने विचारों में मध्यम मार्ग का अभ्यास कर सकें और अपने जीवन में आने वाले सांसारिक अनुभवों के लिए अपनी पसंद, नापसंद और अपेक्षाओं को कम कर सकें। वे अपने विचारों में दुःख को कम करने में सक्षम होंगे। जो लोग मठवासी जीवन में रहते हैं (सामाजिक मानकों और रीतियों के आधार पर), वे अपने मठवासी जीवनशैली का उपयोग अपनी पसंद, नापसंद और अपेक्षाओं को छोड़ने के अभ्यास में सहायता करने के लिए कर सकते हैं। उनके लिए, उनका मठवासी जीवनशैली उनके विचारों में मध्यम मार्ग के अभ्यास के रूप में कार्य करेगा।

राजा के लिए, त्याग का मतलब है विचारों में अपनी पसंद, नापसंद और अपेक्षाओं को कम करना, जबकि राजा के रूप में (सामान्य अर्थ में) जीवनशैली जीते रहना और आत्म, दूसरों और संसार के अनुभवों से बंधन से मुक्त रहना, जो इन्द्रिय अनुभवों से आते हैं। बुद्ध का धम्म किसी भी व्यक्ति द्वारा कहीं भी अपनी जीवनशैली में अभ्यास किया जा सकता है, और यह अभ्यास सभी समयों के लिए समान रहता है।

अध्याय 11:

स्व-रूप के दृष्टिकोण से मुक्त

कैसे आप आत्म-दृष्टि से मुक्त हो सकते हैं?

आप आत्म-दृष्टि को अपने दैनिक अनुभवों और घटनाओं के प्रति पसंद और नापसंद को कम करके घटा सकते हैं, और इस प्रकार कुछ चीजों के अनुभव की इच्छा और कुछ चीजों के अनुभव से बचने की इच्छा को कम कर सकते हैं। क्योंकि भौतिक या भौतिक चीजों की केवल उपस्थिति तनाव का कारण नहीं होती, बल्कि तनाव तब होता है जब किसी चीज का अनुभव करने की इच्छा या न करने की इच्छा होती है। इसी तरह, समझें कि सामान्य तरीकों पर आधारित व्याख्याएं हमारे लिए मानसिक पीड़ा उत्पन्न करती हैं। ऐसा करते हुए, बुरी घटनाओं का सामना करते समय परेशान होने की प्रवृत्ति को कम करने और अच्छी घटनाओं का सामना करते समय अत्यधिक खुशी महसूस करने की प्रवृत्ति को कम करने का प्रयास करें, यह समझते हुए कि खुशी बदल सकती है। इसके बजाय, अनुभवों को अच्छा या बुरा मानने से बचने का प्रयास करें, यह एक तकनीक है जिसे आप धीरे-धीरे मानसिक शांति बनाए रखने और जो कुछ भी आपके पास है उससे संतुष्ट होने के लिए अपना सकते हैं, जो आपको दैनिक जीवन में संतोष प्राप्त करने में मदद करेगा।

इसी तरह, यह समझें कि एक व्यक्ति दूसरे व्यक्ति को नियंत्रित नहीं कर सकता, और यह कोई आश्चर्य की बात नहीं है क्योंकि कोई व्यक्ति अपनी खुद की मनोवृत्तियों को भी नियंत्रित नहीं कर सकता। समझें कि मन को हमेशा नियंत्रित करना संभव नहीं है, लेकिन यह संभव है कि आप अपने मन से मुक्त हो सकते हैं और इसलिए दूसरों से किसी भी चीज की उम्मीद न करके केवल दूसरों के भले के लिए कार्य करें। किसी भी प्रकार की उम्मीद न करना आपको संतुष्टि प्रदान करेगा और संतुष्ट रहने में मदद करेगा, यह एक तकनीक है जिसका उपयोग आप आत्म-दृष्टि को छोड़ने के लिए कर सकते हैं।

आत्म-दृष्टि को कम करने के लिए एक और तकनीक यह है कि जीवन की अनिश्चितता को समझें, चीजों की स्वभाव में बदलाव को समझें, और उस सत्य को न नकारें जो हमारे जीवन

में लागू होता है। लाभ, भौतिक वस्तुएं, जीवन शैली, युवावस्था, रिश्ते, और इसी तरह की चीजें स्थायी नहीं होतीं। किसी का शरीर, मन, मित्र और परिवार, रिश्ते, लाभ और इसी तरह की चीजें बदलाव के अधीन होती हैं। हमें यह समझना चाहिए कि परिवर्तन और अनिश्चितता सभी के जीवन का हिस्सा हैं और हर दिन और हमारे जीवन का अधिकतम उपयोग अच्छे कार्यों को करके और अव्यवस्थित चीजों को छोड़कर करना चाहिए, घमंड न करना चाहिए, दूसरों से उनके पृष्ठभूमि के आधार पर भेदभाव न करना चाहिए, जो भी हमारे पास है, उस सामग्री, ज्ञान या चीजों का उपयोग केवल अपने लाभ के लिए न करके, उन्हें दूसरों के साथ दयालु, विनम्र और सौम्य तरीके से साझा करना चाहिए, दूसरों के प्रति जिम्मेदारियों को पूरा करना चाहिए, एक अच्छा व्यक्ति बनना चाहिए और पुण्य इकट्ठा करना चाहिए। ये क्रियाएँ साधकों को निर्वाण प्राप्त करने में मदद कर सकती हैं। जैसे हम पृथ्वी पर कूदते हैं, वैसे ही हम वापस गिरते हैं। कर्म का नियम सभी पर लागू होता है। इस प्रकार, जो पुण्य एकत्र करता है, उसके लिए ज्ञान, भौतिक वस्तुएं, लाभ और निर्वाण स्वाभाविक रूप से ब्रह्मांड के कार्यों के माध्यम से प्राप्त होते हैं।

इसी तरह, यह समझें कि आत्म-दृष्टि का एक पहलू व्यक्ति के अनुष्ठानों, सामाजिक समूहों, सामाजिक विभाजनों और समाजों के प्रति उनके लगाव से मजबूत होता है। समाज मानव निर्मित हैं, भौगोलिक स्थान, पहचान और विभाजन मानव निर्मित हैं। अनुष्ठान मानव निर्मित हैं। यह समझना कि जीवन के अंत में और मृत्यु के पल में हमें इन सभी चीजों को छोड़ देना चाहिए और यदि कोई चार गुना निर्वाण प्राप्त नहीं करता, तो वह संसार में प्रवेश करेगा, यह निर्वाण को समझने के लिए एक उपयोगी विचार है। कर्म की विविधता के कारण, किसी व्यक्ति की पृष्ठभूमि का निर्वाण पर कोई प्रभाव नहीं पड़ता। इसलिए यह समझना कि जीवन छोटा है, जो कुछ भी आपके पास है उससे संतुष्ट होकर जीवन का अधिकतम उपयोग करना और अच्छे कार्य करना और उच्चतम समझ के साथ धर्म का विकास करना उन साधकों को लाभ पहुंचाएगा जो निर्वाण प्राप्त करने की आकांक्षा रखते हैं। कोई भी इस प्रकार के बंधनों को मध्यम मार्ग का पालन करके छोड़ सकता है, चाहे वह किसी पाठ्य पुस्तक, किसी विभाजन, या किसी भिक्षु की जीवनशैली या गृहस्थ की जीवनशैली के रूप में हो, या "मेरे पास जीवनशैली है" या "मेरे पास जीवनशैली नहीं है" कहने से यह दर्शाता है कि दोनों पक्षों और मध्यम मार्ग की शिक्षा, जो कुछ भी उपलब्ध है, उसका उपयोग समझ और उच्च ज्ञान प्राप्त करने के लिए किया जाना चाहिए, बिना उन चीजों से जुड़े जुड़े रहना तब सहायक नहीं होता जब वह आत्म पहचान (जैसे कि सामाजिक रूप से बनाई गई विभाजन) को मजबूत करता है।

सारांश में, आत्म-दृष्टि से मुक्त होना, सामाजिक रूप से निर्मित पहचान (जैसे आयु, लिंग, स्थान, भिक्षु की जीवनशैली, आदि) को बहुत अधिक महत्व न देना, जो समाज की प्रथाओं और मानकों का पालन करके बनाई जाती हैं, और संदेहों से मुक्त होना, प्रवाह के चरण में प्रवेश करने के लिए आवश्यक हैं। बुद्धा के बारे में संदेह को यह समझकर समाप्त किया जा सकता है कि बुद्धा मनुष्यों और देवताओं के शिक्षक हैं। जो लोग निर्वाण प्राप्त करना चाहते हैं उन्हें यह समझना चाहिए कि बुद्धा ने कई जन्मों की साधना (परमि) पूरी करके बुद्धा बनने का मार्ग अपनाया, बुद्धा अद्वितीय हैं और किसी अन्य द्वारा प्रतिस्थापित नहीं किए जा सकते, और इसी तरह, बुद्धा की शिक्षाएं किसी और की शिक्षाओं से प्रतिस्थापित नहीं हो सकतीं, और निर्वाण और बुद्धा की शिक्षाएं बुद्धा और अर्हंतों से धम्म सुनने के माध्यम से समझी जा सकती हैं।

अध्याय 12:

धारणा और परेशानीपूर्ण विचारों से मुक्ति

व्यक्तिगत भिन्नताओं के आधार पर, सामान्य व्यक्ति का बुद्ध के धम्म के प्रति समझ प्रायः अवधारणात्मक स्तर पर रहती है। उदाहरण स्वरूप, दार्शनिक दृष्टिकोण से एक सामान्य साधक यह कह सकता है कि सभी धर्मों का एक ही स्वभाव है, जो कि निरस्वभाव है, क्योंकि सभी घटनाओं का अंतिम स्वभाव शून्यता है। इस स्थिति में, जो लोग इस दर्शन को अपने ऊपर लागू करते हैं, उन्हें अतीत के बारे में अधिक चिंता करना, भविष्य के बारे में अत्यधिक चिंता करना, वर्तमान के बारे में अधिक चिंता करना, दूसरों को इस प्रकार से देखना कि कोई खुद को दूसरों से बेहतर, बदतर या समान समझे, गर्व छोड़ देना चाहिए, और इस प्रकार की बातें जैसे शून्य चीजों पर चिंता करना निरर्थक होगा, और आत्मा से रहित चीजों पर गर्व करना निरर्थक होगा। इसी प्रकार, दार्शनिक दृष्टिकोण से, यदि एक सामान्य साधक यह कहता है कि अस्तित्व पाँच समूहों और संवेदी अनुभवों से बना है, तो इस दर्शन को अपने ऊपर लागू करने वाले लोगों को अतीत के बारे में अधिक चिंता करना, भविष्य के बारे में अत्यधिक चिंता करना, वर्तमान के बारे में अधिक चिंता करना, दूसरों को इस प्रकार से देखना कि कोई खुद को दूसरों से बेहतर, बदतर या समान समझे, गर्व छोड़ देना चाहिए, और पाँच समूहों द्वारा उत्पन्न हो रहे अनुभवों के बारे में चिंता करना निरर्थक होगा। जो चीजें बदल रही हैं, उन पर गर्व करना एक बुद्धिमान व्यक्ति के लिए निरर्थक होगा। पाँच समूहों द्वारा उत्पन्न अनुभवों के बारे में अधिक चिंता करना निरर्थक होगा। एक अस्तित्व के रूप में पाँच समूहों द्वारा उत्पन्न अनुभवों पर गर्व करना निरर्थक होगा। यह धम्म की अवधारणात्मक समझ और उस अवधारणा को अपने ऊपर लागू करने के बीच के अंतर को स्पष्ट करता है।

"एक व्यक्ति जो स्वयं को कुछ दृष्टिकोणों से जोड़ता है, उन्हें सर्वोत्तम मानते हुए और दुनिया में उन्हें सर्वोपरि मानते हुए, वह यह कहता है कि इसके कारण सभी अन्य दृष्टिकोण हीन हैं; इसलिए, वह दूसरों से विवाद से मुक्त नहीं होता। जो देखा, सुना, जाना और जो अनुष्ठान किए जाते हैं, उनमें वह स्वयं के लिए लाभ देखता है। केवल उस दृष्टिकोण को पकड़कर वह प्रत्येक अन्य दृष्टिकोण को निरर्थक मानता है। जो लोग निर्णय में कुशल होते हैं, वे कहते हैं कि (एक दृष्टिकोण) बंधन बन

जाता है यदि उस पर निर्भर रहते हुए व्यक्ति हर चीज़ को हीन मानता है। इसलिए, एक व्यक्ति को जो देखा, सुना या जाना है, उस पर या अनुष्ठानों पर निर्भर नहीं होना चाहिए। व्यक्ति को न तो दूसरे के समान होने का दावा करना चाहिए, न ही खुद को हीन समझना चाहिए, और न ही किसी से श्रेष्ठ मानना चाहिए।"

एसएन ४.५, परमतक सुत्त

कभी-कभी, "एकता" का जो सिद्धांत सामान्य साधकों द्वारा बुद्ध के धम्म को समझाने के लिए उपयोग किया जाता है, वह प्रकट करता है कि प्राणियों के बीच एक आपसी संबंध है, यह संकेत करते हुए कि एक स्थायी प्राणी है। ऐसे सिद्धांत बुद्ध के धम्म को पूरी तरह से स्पष्ट नहीं करते, क्योंकि बुद्ध का धम्म सोतापन्न से लेकर अरहंत तक को संदर्भित करता है। इसी प्रकार, यदि सभी जीवों के प्रति सम्मान एकता की अभिव्यक्ति है, तो ऐसे अच्छे लोग हैं जो बिना किसी आध्यात्मिक अभ्यास के भी सभी जीवों का सम्मान करते हैं, और उन्हें केवल करुणा विकसित करके निर्वाण प्राप्त कर लेना चाहिए। हालांकि, केवल करुणा से सोतापन्न प्राप्त करना पर्याप्त नहीं है।

जो समाजों में हो रहा प्रतीत होता है, वह यह है कि कुछ सामान्य धारणाएँ और उन धारणाओं पर आधारित प्रथाएँ, जो सामान्य तरीके से समझने और अभ्यास करने वालों के लिए निर्वाण को रोक रही हैं। निर्वाण की ओर जाने वाला मार्ग सभी के लिए समान रहता है। कई धारणाएँ हैं, जिनमें परंपराएँ भी शामिल हैं, क्योंकि सामान्य साधकों में ईमानदारी की कमी है; जब वे एक ऐसा मार्ग वर्णित करते हैं जिसे उन्होंने प्राप्त नहीं किया है, तो वे दूसरों को भ्रमित कर सकते हैं।

"यह प्रकृति नहीं है जो सच्चे उपदेश को गायब कर देती है। बल्कि, यह मूर्ख लोग हैं जो सामान्य संघ में प्रकट होते हैं और सच्चे उपदेश को गायब कर देते हैं। सच्चा उपदेश एक जहाज की तरह नहीं गायब होता जो अचानक डूब जाए। सच्चे उपदेश के पतन और गायब होने की पांच हानिकारक बातें हैं। कौन सी पांच? जब सामान्य भिक्षु (पुरुष, महिला), सामान्य गृहस्थ (पुरुष, महिला) बुद्ध के प्रति सम्मान और श्रद्धा, बुद्ध के धर्म (सोतापन्न से अरहंत), सम्मानित संघ (सोतापन्न से अरहंत), चार गुना निर्वाण की ओर जाने वाला अभ्यास और समाधि में कमी रखते हैं। ये पांच हानिकारक बातें सच्चे उपदेश के पतन और गायब होने की ओर ले जाती हैं। सच्चे उपदेश के निरंतरता, स्थायित्व और टिकाऊपन की पांच बातें हैं। कौन सी पांच? जब सामान्य

भिक्षु (पुरुष, महिला), सामान्य गृहस्थ (पुरुष, महिला) बुद्ध के प्रति सम्मान और श्रद्धा, बुद्ध के धर्म (सोतापन्न से अरहंत), सम्मानित संघ (सोतापन्न से अरहंत), चार गुना निर्वाण की ओर जाने वाला अभ्यास और समाधि में श्रद्धा रखते हैं। ये पांच बातें सच्चे उपदेश के निरंतरता, स्थायित्व और टिकाऊपन की ओर ले जाती हैं।"

- एसएन १६.१३, सद्दम्माप्पटिरूपकसुत्त

मध्यम मार्ग (और निर्वाण) मानसिक दुःख का एक सार्वभौमिक उपचार है, जिसे दुनिया भर के लोग अनुभव करते हैं और इसका किसी भी सामाजिक रूप से निर्मित धर्म, पहचान, विभाजन या जीवनशैली से कोई संबंध नहीं है। धम्म (सोतापन्न से अरहंत तक) सार्वभौमिक है। सामान्य साधक यह सोचते और सुझाव देते हैं कि विभिन्न पृष्ठभूमियों वाले व्यक्तियों के लिए निर्वाण प्राप्त करने के लिए अलग-अलग तरीके हो सकते हैं, जो उनके अनुमान पर आधारित होते हैं। उदाहरण के लिए, एक सामान्य अनुमान यह है कि विभिन्न देशों/परंपराओं/जीवनशैलियों के व्यक्तियों को धम्म के विभिन्न अभ्यासों का पालन करना चाहिए (जैसे पश्चिमी और पूर्वी बौद्ध धर्म)। हालांकि, मध्यम मार्ग का अभ्यास, जिसमें निर्वाण की ओर मार्ग भी शामिल है, सभी के लिए समान रहता है; बंधनों को छोड़ना और त्रिरत्न में पक्के विश्वास को विकसित करना।

क्या कोई व्यक्ति आत्म-दृष्टि को त्याग सकता है कहानियाँ पढ़कर, अकादमिक अध्ययन करके, या अनुष्ठानिक जीवन जीकर? नहीं, इनमें से कोई भी तरीका आत्म-दृष्टि को त्यागने का तरीका नहीं है। इसका कारण यह है कि कहानियाँ पढ़ना, अकादमिक अध्ययन में संलग्न होना, और एक अनुष्ठानिक जीवनशैली अपनाना, और केवल शील बनाए रखना (यानी, वाक्य और शारीरिक क्रियाओं पर नियंत्रण रखना, जिसमें भौतिक अनुभवों के प्रति पसंद और नापसंद की प्रवृत्ति निहित होती है) एक व्यक्ति को इंद्रियों से आने वाले भौतिक अनुभवों के प्रति आसक्ति से विचारों को शुद्ध करने की अनुमति नहीं देता।

"भले ही कोई बहुत अधिक पवित्र ग्रंथों (तिपिटक) का पाठ करता है, लेकिन लापरवाह होता है और स्वयं पर धम्म का पालन नहीं करता (और अभ्यास नहीं करता), जैसे एक गोपालक जो दूसरों के मवेशियों की गिनती करता है, वह धम्म के लाभ (अर्थात् मार्ग-फल) को प्राप्त नहीं कर सकता।"

"भले ही कोई पवित्र ग्रंथों (तिपिटक) का थोड़ा सा पाठ करता है, लेकिन धम्म के अनुसार अभ्यास करता है, बंधनों, द्वेष और अज्ञान को त्यागता है, चतुर्विध निर्वाण को स्पष्ट रूप से समझता है, महान गुणों से संपन्न है और न तो इस संसार में और न ही अगले संसार में आसक्त होता है, वह धम्म के लाभ (अर्थात् मार्ग-फल) को प्राप्त करता है।"

-धम्मपद १९ और २०

एक और अनुमान जो सामान्य साधक द्वारा निर्मित किया गया है, ऐसा लगता है कि निर्वाण को मानसिकता को विकसित करके प्राप्त किया जा सकता है। ऐसा करते हुए, साधक इस तथ्य को नजरअंदाज करते हैं कि पुण्य, बुद्ध और आर्य संघ का महत्वपूर्ण योगदान है। क्या कोई व्यक्ति स्वयं के दृष्टिकोण को बनाए रखते हुए जागरूकता बनाए रखकर छोड़ सकता है? नहीं, और इसका कारण यह है कि निर्वाण को व्यक्ति की इच्छा से प्राप्त नहीं किया जा सकता है, क्योंकि जागरूकता जो परिवर्तनशील है, वह निर्वाण प्राप्त करने का कारण नहीं बन सकती।

निर्वाण एक सार्वभौमिक स्तर पर होने वाली घटना है, जैसे जन्म अनियमित समयों पर अनियमित स्थानों पर, अनियमित परिवारों में होता है, और मृत्यु, उतार-चढ़ाव ऐसे अनुभव हैं जो लोगों को अनियमित समयों पर होते हैं, वैसे ही निर्वाण एक ऐसा अनुभव है जो हर व्यक्ति को तब मिलता है जब वह सांसारिक अनुभवों से जुड़े रहने वाले विचारों को शुद्ध करता है, स्वयं के दृष्टिकोण को छोड़ता है और त्रिरत्न में सशक्त विश्वास विकसित करता है, और यह अनुभव अनियमित समयों पर आता है।

निर्वाण को समझे बिना, आप संदेह, विभिन्न अनुमानों और पूर्वधारणाओं के साथ आ सकते हैं। तर्क की खोज करने से एक सामान्य साधक निर्वाण का अर्थ समझ सकता है। बिना सीधी राह और अभ्यास को समझे, साधक अपने अभ्यासों में खो सकते हैं बिना निर्वाण प्राप्त किए, क्योंकि कई शताब्दियों से निर्वाण दुर्लभ है। इस प्रकार, जो आप सोचते हैं, वह वही नहीं है, यह निर्वाण है, निर्वाण आपके लिए रोका जा सकता है।

निरोध के लिए प्रशिक्षण, मन में छोड़ने का मतलब है उन विचारों से जुड़ाव को छोड़ना जो भौतिक पदार्थों, संसार, स्वयं के दृष्टिकोण और अन्य लोगों की उपस्थिति को एक व्यक्ति के मन में बनाते हैं। दूसरे शब्दों में, जो भौतिक वस्तुएं मौजूद हैं और जो संसार मौजूद है, वे एक व्यक्ति के मन को प्रभावित नहीं करना चाहिए। चूंकि छोड़ने का अभ्यास सार्वभौमिक रूप से लागू होता

है, और यह किसी के कर्म और पुण्य से आकारित होता है, विभिन्न पृष्ठभूमियों के लोग यदि वे सीधी राह का पालन करते हैं, तो निर्वाण प्राप्त कर सकते हैं; मध्यम मार्ग के माध्यम से बंधनों को छोड़ते हुए और त्रिरत्न में सशक्त विश्वास विकसित करते हुए।

"अब उस समय साक्यानी, साक्य जाति के व्यक्ति का देहांत हो चुका था। बुद्ध ने घोषित किया कि वह एक धारा-प्रवेशक हैं, जो नर्क में पुनः जन्म लेने योग्य नहीं हैं और जागरण की ओर बढ़ रहे हैं।

इस पर कई साक्य (बुद्ध के रिश्तेदार) एकत्र हुए, शिकायत करने लगे, बड़बड़ाने लगे और आपत्ति जताने लगे, 'हे, कितना अविश्वसनीय, कितना अद्भुत! आजकल कौन धारा-प्रवेशक नहीं बन सकता? क्योंकि बुद्ध ने तो साक्यानी को भी धारा-प्रवेशक घोषित किया है, वह मरने के बाद। साक्यानी प्रशिक्षण के लिए बहुत कमजोर था; वह शराब पीता था।'

फिर महानामा साक्य बुद्ध के पास गए, प्रणाम किया, एक ओर बैठ गए और जो हुआ था, वह बताया। बुद्ध ने कहा:

'महानामा, जब कोई व्यक्ति सचमुच बुद्ध, बुद्ध के धम्म और आर्य संघ में शरण जाता है और स्वयं के लिए शरण स्थल बनाता है, तो वह नर्क में कैसे जा सकता है? और यदि कोई सही मायनों में लंबे समय तक बुद्ध, धम्म और संघ में शरण गया हो, तो वह साक्यानी साक्य ही है। साक्यानी साक्य ने लंबे समय तक बुद्ध, धम्म और संघ में शरण लिया है।'"

-एसएन ५५.२, प्रथमशरणानिसक्कसुत

जैसा कि सारकाणी मामले में दर्शाया गया है, अधिकांश सामान्य लोग निर्वाण को नहीं समझ सके, भले ही वे बुद्ध के साथ थे। जो लोग अभी तक निर्वाण को प्राप्त नहीं कर चुके हैं, वे निर्वाण को समझने में संघर्ष करेंगे, क्योंकि निर्वाण की कोई तुलना इस दुनिया में किसी ऐसी चीज़ से नहीं की जा सकती जिसे हम जानते हों या जिसे आमतौर पर सुना गया हो।

संबंधित बंधनों को छोड़ने के अभ्यास के बारे में, आप रोज़मर्रा के जीवन में मध्यम मार्ग पर ध्यान केंद्रित करके आत्म-दृष्टि (कर्मकांड, अनुष्ठान, और संदेह) को छोड़ने की ट्रेनिंग कर सकते हैं। उदाहरण के लिए, यह समझकर कि जीवन अस्थिर है और उतार-चढ़ाव हम सभी के जीवन का हिस्सा हैं और सभी प्राणियों पर समान रूप से लागू होते हैं, आप मन को इस तरह से प्रशिक्षित कर सकते हैं कि बुरे घटनाओं का सामना करते समय निराश न हों और इसी तरह अच्छे घटनाओं का अनुभव करते समय अत्यधिक खुश न हों, क्योंकि वे लंबे समय तक नहीं टिकते, और इस

प्रकार आप रोज़मर्रा के जीवन में मध्य मार्ग पर ध्यान केंद्रित करने की ट्रेनिंग कर सकते हैं (मध्य मार्ग की ट्रेनिंग अर्हत स्थिति में दिया जाता है, जो निवारण की ओर ले जाती है; तब तक, मध्य मार्ग की ट्रेनिंग उपयोगी है)।

एक महान व्यक्ति बनने के लिए कर्मकांड, अनुष्ठान, समारोह, स्कूल और परंपराएँ, बाहरी कारक (लिंग, आयु, रूप, राष्ट्रीयता आदि) महत्वपूर्ण नहीं हैं, बल्कि निर्वाण के चरणों की गहरी समझ प्राप्त करने का स्तर और लालच, द्वेष और मोह को छोड़ने की सीमा ही महत्वपूर्ण है। यह देखते हुए कि निर्वाण स्वाभाविक रूप से कर्म और पुण्य से आकारित होता है, कोई भी व्यक्ति, कहीं भी, यदि वह शिक्षाओं का सही तरीके से अभ्यास करता है, तो वह फल प्राप्त कर सकता है।

अध्याय 13:

मध्यम मार्ग और निर्वाण

मध्यम मन प्रशिक्षण एक महत्वपूर्ण घटक है जो प्रवाह प्रवेश (स्रोतापन्न) और निर्वाण की ओर मार्गदर्शन करता है। यह प्रशिक्षण इस बात पर आधारित है कि आप अपने विचारों और समझ को कैसे विकसित कर सकते हैं और अपने विचारों को इस प्रकार पुनः परिभाषित कर सकते हैं कि आप आत्म और संसार को परंपराओं से परे समझ सकें। एक बड़े पैमाने पर, मध्यम मन प्रशिक्षण जीवन के अनुभव को समझकर विकसित किया जा सकता है, साथ ही ज्ञान की दृष्टि से।

धम्म की सामान्य दृष्टियों से परे उपदेश दुर्लभ होते हैं, और जो लोग सच्चे मन से निर्वाण की खोज कर रहे हैं, वे लाभान्वित होंगे यदि वे विवेकपूर्वक चिंतन करें और सामान्य दृष्टियों से परे उपदेशों को कारणों के साथ समझें, न कि बिना कारणों के।

यह समझना महत्वपूर्ण है कि निर्वाण एक मानसिक प्रशिक्षण है, और इसका कारण यह है कि संसार एक के मन में ही उत्पन्न होता है, और आत्म-दृष्टि और अन्य लोग भी एक के मन और विचारों में उत्पन्न होते हैं।

समापन प्राप्त करने के लिए प्रशिक्षण, मन में देने का तात्पर्य है कि व्यक्ति अपने विचारों से संबंधित पदार्थों, संसार, आत्म-दृष्टि, और दूसरों के प्रति आकर्षण को छोड़ दे। क्योंकि एक सामान्य संसार और परंपराओं को छोड़ना व्यावहारिक और संभव नहीं है, क्योंकि जहां भी कोई जाए, चाहे वह जंगल हो या शहर, जहाँ हम रहते हैं, वहां परंपराओं से भरा हुआ संसार है, और व्यक्ति को परंपराओं के साथ ही जीने का अवसर मिलता है। इस प्रकार, बुद्ध का धम्म (सोतापन्न से अरहंत तक) यह दर्शाता है कि कोई व्यक्ति परंपराओं को अपने मन में छोड़कर एक सामान्य संसार में रहते हुए आंतरिक संतोष प्राप्त कर सकता है। दूसरे शब्दों में, जो भौतिक वस्तुएं शारीरिक रूप से मौजूद हैं और जो संसार शारीरिक रूप से मौजूद है, उन्हें किसी के मन में हस्तक्षेप नहीं करना चाहिए।

मानक सोच के तरीके लोगों को मानसिक रूप से सांसारिक जीवन से बहुत जुड़ने के लिए प्रेरित करते हैं और मनुष्य द्वारा बनाई गई पहचान, विभाजन, प्रणालियों (राजनीतिक, आर्थिक प्रणालियाँ), संस्कारों (जन्मदिन मनाने का तरीका, स्नातक होना, अंतिम संस्कार करना, अनुष्ठानों

पर आधारित संन्यास लेना), और काम करने के तरीकों और परंपराओं (भाषा, शब्द आदि) में फंसने के कारण दृष्टिकोण को संकीर्ण बना देते हैं। परंपराएँ निरंतरता की अनुमति देती हैं, और निर्वाण मानसिक परंपराओं से बाहर निकलने, या परंपराओं को समाप्त करने की अनुमति देता है, यह बुद्ध के मार्गों पर आधारित त्याग का तरीका है।

लोग पृथ्वी पर जन्म लेते हैं। उतार-चढ़ाव जीवन का हिस्सा हैं; ये वही हैं जो प्रकृति हर व्यक्ति को देती है। इसे भूलना संभव नहीं है, और अगर भूल भी जाए तो इसे प्रकृति हमेशा व्यक्ति को याद दिलाती रहती है। इसी तरह, प्रकृति सोतापन्न को उन लोगों तक पहुँचाती है जो सांसारिक अनुभवों से जुड़े रहकर अपने मन को शुद्ध करने के लिए वास्तविक प्रयास करते हैं; सोतापन्न अपने समय में होता है, ठीक उसी तरह जैसे जीवन के उतार-चढ़ाव व्यक्ति के अपने समय में होते हैं। सांसारिक सुखों का अनुभव करते हुए और आध्यात्मिक सुख प्राप्त करते हुए, एक सोतापन्न दोनों ही सांसारिक और आध्यात्मिक जीवन में एक साथ सर्वोत्तम अनुभव प्राप्त करता है। ठीक जैसे जीवन के उतार-चढ़ाव हर व्यक्ति का व्यक्तिगत अनुभव हैं, वैसे ही बुद्ध का धम्म चार चरणों में हर व्यक्ति का व्यक्तिगत अनुभव है। इसलिए, बुद्ध का धम्म एक अवधारणा, सिद्धांत, ध्यान अभ्यास, विभाजन, परंपरा नहीं है। बुद्ध का धम्म एक घटित होने वाली घटना है, ठीक जन्म की तरह। निर्वाण एक सार्वभौमिक घटना है।

मध्यम मन प्रशिक्षण का अभ्यास करने के लिए यह समझना आवश्यक है कि कोई स्थायी आत्म नहीं है, अनिश्चितता जीवन का हिस्सा है, मानसिक दर्द, जो बदलते हुए सांसारिक जीवन अनुभव से उत्पन्न होता है, कोई मूल्य नहीं रखता; इसके बजाय उन बातों पर ध्यान केंद्रित करना जो ध्यान देने योग्य हैं बिना बहुत अधिक मानसिक पीड़ा के, यह एक बुद्धिमानी है। इस प्रकार, रोज़मर्रा के जीवन में मानसिक रूप से आकर्षण को कम करने के लिए मन को प्रशिक्षित करना। साथ ही, यदि कोई व्यक्ति त्रिपिटक के गुणों पर ध्यान और चिंतन कर सकता है और प्रवाह-प्रवेश के कारकों को विकसित कर सकता है, तो निर्वाण अपने समय में घटित होगा। कारण यह है कि निर्वाण एक सार्वभौमिक स्तर पर घटित होने वाली घटना है।

"जो व्यक्ति बुद्ध के धम्म को सुनने का प्रयास करता है, उसकी सच्चे धम्म की ज्ञान में वृद्धि होती है। उस धम्म के ज्ञान से व्यक्ति प्रज्ञा विकसित कर सकता है। उस प्रज्ञा के माध्यम से वास्तविकता को समझा जा सकता है। सत्य का बोध सच्चे सुख को लाता है।"

-थेरगाथा, अरहंत महाचुंद

अध्याय 14:

सही दृष्टिकोण विकसित करना

व्यक्तिगत भिन्नताओं के आधार पर, एक साधारण व्यक्ति का धम्म के प्रति समझ सामान्यतः केवल एक वैचारिक स्तर तक सीमित रहती है। उदाहरण के लिए, दार्शनिक दृष्टिकोण से, एक साधारण साधक यह कह सकता है कि सभी धर्मों की प्रकृति एक ही है, जो कि "कोई प्रकृति नहीं" है, क्योंकि सभी घटनाओं की अंतिम प्रकृति शून्यता है। ऐसे में, जो इस दर्शन को अपने ऊपर लागू करते हैं, उन्हें चाहिए कि वे अतीत की अत्यधिक चिंता करना, भविष्य को लेकर अत्यधिक चिंतित होना, वर्तमान के बारे में अधिक परेशान होना, दूसरों को अलग-अलग तरीके से देखना (यह सोचकर कि वे दूसरों से बेहतर, बदतर या समान हैं), अभिमान करना और इसी प्रकार की अन्य बातों को छोड़ दें। क्योंकि शून्यता की चीजों के लिए चिंतित होना या शून्यता से भरी चीजों पर अभिमान करना निरर्थक है।

इसी प्रकार, यदि कोई साधारण साधक यह कहता है कि व्यक्ति पांच स्कंधों और इंद्रिय अनुभवों से बना है, तो इस दर्शन को अपने जीवन में लागू करने वालों को चाहिए कि वे अतीत की अत्यधिक चिंता करना, भविष्य को लेकर अत्यधिक चिंतित होना, वर्तमान की अत्यधिक चिंता करना, और दूसरों को अपने से बेहतर, बदतर, या समान समझने जैसी चीजों को छोड़ दें। पाँच स्कंधों द्वारा उत्पन्न अनुभवों की चिंता करना, जो निरंतर बदल रहे हैं, एक विवेकी व्यक्ति के लिए निरर्थक होगा। पाँच स्कंधों से उत्पन्न अनुभवों पर गर्व करना भी व्यर्थ है। यह इस बात को स्पष्ट करता है कि धम्म के वैचारिक समझ और उसे अपने जीवन में लागू करने के बीच एक बड़ा अंतर है।

कभी-कभी साधारण साधक बुद्ध के धम्म को समझाने के लिए "एकत्व" की अवधारणा का उपयोग करते हैं, जो यह सुझाव देती है कि जीवों के बीच एक स्थायी संबंध है। ऐसी अवधारणाएँ बुद्ध के धम्म को पूर्ण रूप से स्पष्ट नहीं करतीं, क्योंकि बुद्ध का धम्म सोतापन्न से अरहंत तक के मार्ग को संदर्भित करता है। इसी प्रकार, यदि सभी जीवों के प्रति सम्मान "एकत्व" का एक उदाहरण है, तो अच्छे लोग, जो बिना किसी आध्यात्मिक अभ्यास के भी सभी जीवों का

सम्मान करते हैं, केवल करुणा विकसित करके निर्वाण प्राप्त कर सकते हैं। लेकिन केवल करुणा से ही सोतापन्न बनना संभव नहीं है।

एक साधारण व्यक्ति धम्म को साधारण समझ के भीतर ही समझ सकता है। व्यक्तिगत भिन्नताओं के आधार पर, एक साधारण व्यक्ति सोच सकता है कि बुद्ध का धम्म एक जीवनशैली है। व्यक्तिगत भिन्नताओं के आधार पर, एक साधारण व्यक्ति जो चार प्रकार के निर्वाण को नहीं जानता, वह बुद्ध के धम्म को बिना स्वयं अनुभव किए, इसे विभाजित कर व्याख्या कर सकता है। ऐसे लोग बुद्ध और बुद्ध के धम्म को प्राथमिकता देने के बजाय स्वयं को और अन्य साधारण संघ के सदस्यों को प्राथमिकता दे सकते हैं। वे अपने धम्म चर्चाओं के लिए निर्धारित समय में व्यक्तिगत कहानियों और अन्य विषयों पर बात कर सकते हैं, यह दिखाते हुए कि वे बुद्ध के शिष्य हैं, जबकि वे बुद्ध के शिष्य नहीं होते। इस प्रकार, अरहंतों की अनुपस्थिति में बुद्ध के पूर्ण धम्म की ओर ले जाने वाला मार्ग गायब होता हुआ प्रतीत हो सकता है।

साधारण साधकों को समझने का एक तरीका यह है कि यह पहचाना जाए कि वे किस हद तक बुद्ध के धम्म को सामाजिक विभाजन, परंपरा, और सचेत रूप से निर्मित ध्यान अभ्यास के रूप में विभाजित करते हैं। निर्वाण सामाजिक रूप से निर्मित नहीं किया जा सकता। निर्वाण केवल ध्यान और कर्म के पहलुओं की उपेक्षा करते हुए उत्पन्न नहीं हो सकता। निर्वाण अपने समय पर घटित होता है, जैसे जन्म और मृत्यु, जो व्यक्ति के कर्म और पुण्य से आकार लेते हैं।

अध्याय 15:

व्यावहारिक मध्यम मार्ग

मध्यम मार्ग का अभ्यास बहुत व्यावहारिक है और यह व्यक्ति को अपने दैनिक कार्यों के बीच अभ्यास करने की अनुमति देता है, क्योंकि इन्हीं कार्यों के दौरान व्यक्ति सावधानी (माइंडफुलनेस) बनाए रख सकता है। जब व्यक्ति सामान्य गतिविधियों में संलग्न रहता है और इन गतिविधियों के दौरान सावधानी बनाए रखता है, तो इस सावधानी को बुद्ध के धम्म के आधार पर समझ विकसित करके सही सावधानी (सम्यक-स्मृति) में परिवर्तित किया जा सकता है। इस प्रकार, बुद्ध का धम्म पूर्ण है, क्योंकि यह व्यक्ति के दैनिक जीवन में धम्म को समाहित करने की अनुमति देता है, जिससे व्यक्ति की दिनचर्या स्वयं एक ऐसा स्थान बन जाती है जहाँ वह धम्म अभ्यास कर सकता है।

सत्य को समझना व्यक्ति को सांसारिक अनुभवों से प्राप्त सुख को अधिक समय तक बनाए रखने में सहायक होता है। आम तौर पर, लोग उन चीज़ों को छोड़ने में असमर्थता के कारण कष्ट उठाते हैं, जो वे अपने मन में बना रहे होते हैं। जो व्यक्ति सोच रहा है, वह वास्तविकता से मेल नहीं खा सकता। जब ऐसा होता है, तो यह भ्रम बन जाता है। सत्य से अलग कुछ भी कष्ट का कारण बन सकता है। हालांकि एक साधारण साधक इस तरह से श्रेष्ठ सावधानी (आर्य स्मृति) विकसित कर सकता है; श्रेष्ठ सावधानी का अभ्यास (सम्यक-स्मृति) यह आवश्यक करता है कि व्यक्ति अपने विचारों पर ध्यान केंद्रित करे और साधारण तरीकों से आगे बढ़कर सोचे, और यह अभ्यास दैनिक जीवन में किया जा सकता है।

श्रेष्ठ सावधानी का विकास अपने विचारों पर ध्यान रखते हुए और दैनिक गतिविधियों में अच्छे कार्य करने और बुराई से बचने का चुनाव करके किया जा सकता है। उदाहरण के लिए, मन अतीत को बना सकता है, जब कि अतीत बीत चुका होता है, और कभी-कभी विचार व्यक्ति के ध्यान दिए बिना ही गुजर सकते हैं। चाहे व्यक्ति इन विचारों को पहचानता हो या नहीं, वे कष्ट उत्पन्न कर सकते हैं। इसके विपरीत, यदि कोई व्यक्ति अपने मन और विचारों पर ध्यान देकर अच्छे कार्य करने और बुरे कार्यों से बचने का प्रयास करता है, तो यह तनाव को कम करने के लिए श्रेष्ठ सावधानी विकसित करने का एक तरीका बन सकता है। उदाहरण के लिए, जब अतीत की यादें

कष्ट लाती हैं, तो व्यक्ति उन विचारों से ऐसी चीज़ें चुन सकता है जिन्हें हल करना आवश्यक है और उन्हें हल करने का प्रयास कर सकता है।

जो चीज़ें बीत चुकी हैं, उन्हें छोड़ना और उनसे अधिक चिंता न करना मन की शांति, मध्यम मार्ग का अभ्यास, और सत्य की अनुभूति के करीब एक कदम बढ़ने का मार्ग प्रदान करता है। आत्म-दृष्टि को कम करने की एक तकनीक यह है कि व्यक्ति चीजों को वैसे ही स्वीकार करे, जैसे वे हैं। जब ये आदतें विकसित होती हैं, तो साधारण तरीकों से व्यक्ति सांसारिक अनुभवों से संतोष प्राप्त कर सकता है और "पर्याप्त नहीं" जैसी भावना से बच सकता है।

कठिनाइयों का सामना करते समय अतीत की घटनाओं पर अधिक ध्यान देना और उनके प्रति आसक्ति रखना कष्ट को बढ़ा सकता है। इसके बजाय, यदि व्यक्ति व्यावहारिक रूप से आवश्यक कार्य करता है और उन्हें हल करने पर ध्यान केंद्रित करता है, तो यह आत्म-दृष्टि से जुड़े तनाव को कम कर सकता है। इसी प्रकार, आत्म और संसार को छोड़ने का तरीका भी एक मानसिक अभ्यास है।

यदि कोई छात्र परीक्षा की तैयारी करते समय सफलता या असफलता की अधिक अपेक्षा न रखते हुए पूरा प्रयास करता है, तो यह उसे न केवल सफल बनाएगा, बल्कि उसकी चिंता को भी कम करेगा।

इस प्रकार, मध्यम मार्ग का प्रशिक्षण अत्यंत व्यावहारिक है। उदाहरण के लिए, आत्म, दूसरों और संसार के बारे में अधिक चिंतित होना अवसाद, चिंता और अन्य मानसिक समस्याओं का कारण बन सकता है। भौतिक या मानसिक रूप से आत्म को छोड़ देना व्यक्ति को हानि पहुँचा सकता है। सांसारिक संसार और मान्यताओं को पूरी तरह छोड़ना व्यावहारिक या संभव नहीं है, क्योंकि चाहे जंगल में जाया जाए या शहर में, चाहे कोई साधु के रूप में रहे या गृहस्थ के रूप में, व्यक्ति को मान्यताओं के साथ ही रहना होता है।

इसके बजाय, मध्यम मार्ग दिखाता है कि व्यक्ति सांसारिक संसार में रहते हुए और मान्यताओं से मानसिक रूप से जुड़े बिना आंतरिक संतोष कैसे पा सकता है।

अध्याय 16:

परंपराओं को समझना

जन्म से ही, व्यक्ति अपने मन में स्थापित मान्यताओं के आधार पर सांसारिक अनुभवों को छूने की आदत विकसित कर सकता है। मान्यताओं के आधार पर विकसित आत्म-दृष्टि से जुड़ जाना एक सामान्य प्रवृत्ति है। मान्यताएँ वे हैं जो सामाजिक रूप से स्वीकृत होती हैं, जैसे: विचार, भाषा, अनुष्ठान, जीवनशैली, सामाजिक पहचान और विभाजन। इन मान्यताओं के आधार पर सोचने के सामान्य तरीकों के कारण व्यक्ति आठ सांसारिक अवस्थाओं का अनुभव करता है: सुख-दुख, हानि-लाभ और इसी प्रकार के अनुभव। इंद्रियों से प्राप्त जानकारी को भी मान्यताओं और सामान्य सोच के आधार पर व्याख्या किया जाता है, जो व्यक्ति बचपन से सीखता है। जन्म से, लोग आत्म-दृष्टि (दूसरों और संसार) का निर्माण मान्यताओं के आधार पर करते हैं, और मान्यताएँ वे हैं जो समाजों के बीच सामान्य रूप से स्वीकृत और अभ्यास की जाती हैं। व्यक्ति "मैं कौन हूँ? मैं कहाँ से आया हूँ?" जैसी समझ भी इन्हीं मान्यताओं से प्राप्त करता है।

लगभग सभी साधक जानते हैं कि बुद्ध के धम्म में आत्म-दृष्टि का त्याग करना एक महत्वपूर्ण पहलू है, जो सांसारिक जीवन के प्रति आसक्ति को कम करने और संतोष प्राप्त करने का मार्ग है। लेकिन अधिकांश साधक यह नहीं जानते कि अभ्यास में आत्म-दृष्टि का त्याग कैसे किया जाए। निर्वाण तक पहुँचने के लिए एक मार्ग (चार चरण) और अभ्यास (प्रत्येक चरण तक पहुँचने का अभ्यास) है।

स्वाभाविक रूप से अगला प्रश्न यह होता है कि कोई व्यक्ति आत्म-दृष्टि और सामाजिक प्रथाओं/अनुष्ठानों से जुड़ी आसक्ति को कैसे त्याग सकता है?

यह समझना कि लोग आत्म-दृष्टि का निर्माण कैसे करते हैं, एक बुद्धिमान व्यक्ति के लिए आत्म-दृष्टि छोड़ने को सरल बना सकता है। जन्म लेने के बाद, इंद्रिय-जानकारी और दूसरों से सीखी गई बातों (सामाजिक शिक्षा) के आधार पर व्यक्ति मान्यताओं के आधार पर आत्म की समझ का निर्माण करता है। मान्यताएँ, जैसे: भाषा, सामाजिक प्रथाएँ, अनुष्ठान, सामाजिक पहचान

और भूमिकाएँ, आदि, समाजों के बीच स्वीकृत होती हैं। इन सामाजिक प्रथाओं और भूमिकाओं के आधार पर, व्यक्ति के मन और विचारों में विभिन्न भूमिकाओं और समझ का निर्माण होता है।

मन समय, स्थिति और भूमिकाओं के अनुसार अपने निर्माण को बदलता है। इस प्रकार, मन अपने सोचने के तरीके, दूसरों और संसार की समझ का निर्माण करता है, जो मान्यताओं पर आधारित होते हैं और परिवर्तनशील होते हैं। विचारों के आने-जाने और इंद्रिय अनुभवों के परिवर्तनशील होने के कारण, यदि व्यक्ति परिवर्तनशील चीजों को पकड़ने की कोशिश करता है, तो संसार को स्थिर बनाए रखने का प्रयास व्यर्थ साबित होता है और मानसिक कष्ट उत्पन्न करता है।

वास्तविकता यह है कि विचार बिना व्यक्ति के नियंत्रण के चलते हैं। ऐसे बदलते विचारों से जुड़ाव जो व्यक्ति के इच्छानुसार न बदलें, तनाव उत्पन्न कर सकता है। इसी प्रकार, सांसारिक जीवन से असंतोष और आत्म-दृष्टि से जुड़े कष्ट उत्पन्न होते हैं, क्योंकि व्यक्ति यह गलत समझता है कि आत्म स्थिर है। इसके विपरीत, जो चीजें आत्म से जुड़ी होती हैं, वे अनिवार्य रूप से बदलने वाली होती हैं। एक बुद्धिमान साधारण व्यक्ति जीवन के उतार-चढ़ाव को समानता (उपेक्षा) के साथ अनुभव कर सकता है और उन चीज़ों पर अधिक चिंतित नहीं होता जिन्हें बदला नहीं जा सकता।

जो व्यक्ति सांसारिक अनुभवों से जुड़कर अपने विचार, शब्द और कर्मों के बीच सामंजस्य बनाए रखने की कोशिश करता है, वह आंतरिक शांति पाने के लिए संघर्ष करेगा। इसके बजाय, यदि व्यक्ति आत्म-दृष्टि और मान्यताओं से जुड़े बिना विचार, वाणी और कर्मों के बीच सामंजस्य बनाए रखने का प्रयास करता है, तो उसे अधिक शांति और संतुलन प्राप्त होगा। इस प्रकार के अभ्यास को अपनाने के लिए, व्यक्ति को स्वयं के प्रति ईमानदार होना चाहिए और अपने जीवन में भलाई के लिए जिम्मेदारी लेनी चाहिए।

बुद्ध के धम्म में, चार गुना निर्वाण को समझने के लिए तर्क के साथ आत्म-घोषणा आवश्यक है। साधक को अर्हंतों के शब्दों (न कि बाहरी रूप या मान्यताओं) को पहचानने और समझने में सक्षम होना चाहिए। साधारण जीवन में, लोग सामान्यतः उन्हीं चीजों को स्वीकार करते हैं जिन्हें अच्छा माना जाता है, जैसे लाभ और जीत, और वे हानियों को स्वीकार करने में कठिनाई महसूस करते हैं।

आम तौर पर, सामान्य जीवन में, लोग उन चीज़ों को स्वीकार करने के लिए अधिक इच्छुक होते हैं जिन्हें आम तौर पर अच्छी चीज़ों के रूप में स्वीकार किया जाता है, जैसे कि लाभ और जीत, और उन चीज़ों को स्वीकार करने के लिए कम इच्छुक होते हैं जिन्हें आम तौर पर बुरी चीज़ों के रूप में स्वीकार किया जाता है, जैसे कि नुकसान, आदि। ऐसा इसलिए है क्योंकि उनके पास यह सोचने की एक अंतर्निहित प्रवृत्ति है कि उनके साथ बुरी चीज़ें नहीं होनी चाहिए या नहीं हो सकती हैं। फिर भी, वास्तव में, सभी लोगों को जीवन में अच्छी और बुरी चीज़ों, उतार-चढ़ाव का अनुभव करना चाहिए, जो सभी प्रत्येक व्यक्ति के लिए व्यक्तिपरक अनुभव हैं।

सुनने या देखने और इसी तरह की अन्य चीज़ों से जुड़ी परंपराओं और संवेदी जानकारी के आधार पर जो लगातार बदलती रहती हैं और एक व्यक्ति द्वारा अनुभव की जाती हैं, जो सांसारिक अनुभव हैं जो लगातार बदलते रहते हैं, एक व्यक्ति एक ऐसी दुनिया का निर्माण करेगा जिसमें यह विश्वास करने की अंतर्निहित प्रवृत्ति होगी कि दुनिया एक स्थिर जगह है। जब उस दुनिया के अनुभव में उतार-चढ़ाव आते हैं, तो एक व्यक्ति जिसके पास यह विश्वास करने की अंतर्निहित प्रवृत्ति होती है कि एक स्थिर आत्म और एक स्थिर दुनिया है, उसे संकट का अनुभव होने की अधिक संभावना होती है।

इस तरह से, व्यक्ति न केवल अपने, दूसरों और दुनिया के बारे में दृष्टिकोण बनाता है, बल्कि ऐसी चीज़ों से होने वाले कष्टों को भी अपने विचारों में बनाता है, जो जीवन की गलत समझ के कारण सांसारिक संतुष्टि को अवरुद्ध करते हैं। इसके बजाय, जीवन और मन को समझकर, व्यक्ति सांसारिक जीवन का अधिकतम लाभ उठाने और अपने दैनिक जीवन में संतुष्टि प्राप्त करने के लिए मानसिक पीड़ाओं को छोड़ सकता है।

एक व्यक्ति जो यह मानने की अंतर्निहित प्रवृत्ति रखता है कि वह लोगों के रूप में स्थिर है ("मैं, खुद को, और मैं"), साथ ही साथ दूसरों और परंपराओं के आधार पर दुनिया, जब वे अस्थिरता और परिवर्तनों का अनुभव करते हैं जो स्वयं की समझ को प्रभावित करते हैं, जैसे कि बीमारियाँ, मृत्यु, उन चीजों का नुकसान जो स्वयं के लिए महत्वपूर्ण हैं, और दूसरों में होने वाले परिवर्तन जो उन्हें लगता है कि स्थिर हैं और सांसारिक अनुभव जो उनके हैं, तो वे संकट का अनुभव करने की अधिक संभावना रखते हैं। फिर भी, वास्तव में, किसी व्यक्ति के विश्वास की अंतर्निहित प्रवृत्तियों या स्वीकार करने की प्रवृत्ति के बावजूद, जन्म लेने वाले सभी लोगों को उतार-चढ़ाव का सामना करना पड़ता है और मृत्यु का अनुभव होगा।

एक साधारण साधक मानसिक पीड़ा को कम कर सकता है, साधकों को सत्य को देखने, वास्तविकता को जगाने और दैनिक जीवन में सच्चे जीवन के अनुभव को देखने की अनुमति देकर, ताकि आत्म-दृष्टिकोण और रूढ़ियों से जुड़े रहने से होने वाली मानसिक पीड़ा को दूर किया जा सके। यदि व्यक्ति आत्म-दृष्टिकोण से चिपके रहने को त्यागने के साथ-साथ उन लोगों की सेवा भी करता है जिन्होंने बंधनों को त्याग दिया है, तो परिणामस्वरूप, निर्वाण अपने समय पर उस व्यक्ति के पास आ जाएगा।

इस प्रकार, जीवन और मन को समझने के माध्यम से, व्यक्ति मानसिक कष्टों को त्याग सकता है, सांसारिक जीवन का अधिकतम लाभ उठा सकता है और अपने दैनिक जीवन में संतोष प्राप्त कर सकता है। जो साधक इन शब्दों को समझता है और उन्हें अपने जीवन में प्राथमिकता देता है, वह धम्म को अपने जीवन में लागू करेगा और निर्वाण प्राप्ति के एक कदम और करीब आएगा।

अध्याय 17:

पृथ्वी को छुए बिना जीना

यह सोचते हुए कि सांसारिक अनुभवों से प्राप्त खुशी और आनंद हमेशा के लिए टिक सकते हैं, एक साधारण व्यक्ति जन्म से ही अपनी सोच में संसार को छूता है, और बार-बार सांसारिक अनुभवों को अत्यधिक पसंद और नापसंद करता है। जब सांसारिक अनुभवों से खुशी और आनंद उत्पन्न होते हैं, तो उन्हें अत्यधिक पसंद करने पर व्यक्ति और अधिक खुशी और आनंद की अपेक्षा कर सकता है। फिर भी, सांसारिक जीवन के अनुभवों में बदलाव होते रहते हैं; खुशी ग़म में बदल सकती है, और आनंद अप्रसन्नता में। अक्सर, वही चीज जो आपको सबसे अधिक पसंद थी, उसके बदलने पर सबसे अधिक मानसिक पीड़ा देती है। इस प्रकार, आम सोच के आधार पर, एक साधारण व्यक्ति (जन्म से ही हर कोई इस मार्ग पर चलता है) जीवन में बदलते सांसारिक अनुभवों का सामना करने पर भ्रमित हो सकता है और अविश्वास या आघात का अनुभव कर सकता है। जीवन के अनुभव में आघात, संबंधों की समस्याएं, आर्थिक संघर्ष, बीमारियां, किसी करीबी व्यक्ति की मृत्यु और सामाजिक-आर्थिक दबावों सहित विभिन्न कठिन सांसारिक अनुभव शामिल हो सकते हैं।

फिर भी, यदि कोई व्यक्ति अपने व्यक्तिगत जीवन के अनुभवों के आधार पर यह समझ जाता है कि सांसारिक जीवन और आम सोच वास्तव में मानसिक पीड़ा लाते हैं, तो यह समझना कि इन बदलावों को पकड़ना व्यर्थ है क्योंकि वे किसी भी हालत में बदलने वाले हैं, समझदारी है। इसके बजाय, इन अनुभवों का अधिकतम उपयोग करना ही बुद्धिमानी है। इस प्रकार, सत्य के प्रति जागरूक होना जीवन के अनुभवों को अधिक गहराई से समझने का नाम है।

अपने व्यक्तिगत जीवन के अनुभवों के आधार पर, यदि कोई व्यक्ति विभिन्न प्रकार की सांसारिक कठिनाइयों का सामना करता है और यह समझता है कि जीवन आसान नहीं है, तो यह समझ साधारण साधक को मध्यम मानसिक प्रशिक्षण (middle mind training) का अभ्यास करने की प्रेरणा देती है। अगले स्तर पर, यदि कोई साधारण व्यक्ति यह समझ जाता है कि सांसारिक जीवन को पकड़ना निश्चित रूप से मानसिक पीड़ा उत्पन्न कर सकता है और यह पीड़ा सहने योग्य नहीं है, तो इस प्रकार की समझ साधारण साधक को मध्यम मार्ग के प्रशिक्षण को जारी रखने में

सहायता करती है। अन्यथा, कोई केवल मार्ग के बारे में सुन सकता है, बात कर सकता है और जीवनशैली जी सकता है, लेकिन जरूरी नहीं कि मध्यम मार्ग के प्रशिक्षण को लागू करे।

इस प्रकार, साधारण साधक के लिए धम्म का अभ्यास करने का अर्थ है धम्म को स्वयं पर लागू करना। धम्म अभ्यास का परिणाम यह होना चाहिए कि व्यक्ति के गर्व, लालच और सांसारिक अनुभवों के प्रति अत्यधिक दुःख को कम किया जा सके। यदि ये चीजें कम नहीं होती हैं, तो यह कहना अनुचित होगा कि किसी ने धम्म का अभ्यास किया है, चाहे ध्यान का अभ्यास कितने भी वर्षों तक किया हो।

यह सोचते हुए कि स्वयं और सांसारिक अनुभवों में स्थिरता बनाए रखना संभव है, एक व्यक्ति जन्म से ही अपनी सोच में सांसारिक अनुभवों को अत्यधिक छूने की आदत विकसित कर सकता है। आप आम सोच को सत्य या वास्तविकता का सटीक प्रतिबिंब मान सकते हैं। फिर भी, जब स्वयं और सांसारिक अनुभवों में बदलाव होते हैं, तो आम सोच के आधार पर जो आप सोच रहे हैं, वह वास्तविक जीवन के अनुभवों से मेल नहीं खा सकता। जब जीवन में जो होता है वह आपकी अपेक्षाओं के अनुरूप नहीं होता, तो आप असंतोष महसूस कर सकते हैं।

आम सोच वह है जो सामान्य है; सामान्य वह है जो सामाजिक रूप से निर्मित है; और जो सामाजिक रूप से निर्मित है, वह ब्रह्मांड और उसके कार्य करने के तरीके द्वारा मूल्यवान या महत्वपूर्ण नहीं माना गया है। सभी प्राणी, उनकी सामाजिक पहचान और विभाजनों की परवाह किए बिना, जन्म, मृत्यु, उतार-चढ़ाव को किसी भी समय अनुभव करते हैं। इस प्रकार, सामान्य रूप से बनाई गई सोच की सीमाएं होती हैं; ऐसी सोच व्यक्ति के सच्चे जीवन के अनुभवों के साथ मेल नहीं खाती।

यह सार्वभौमिक रूप से सभी के लिए लागू होता है कि उनके पास जो कुछ भी है, वह परिवर्तन के अधीन है। जब सांसारिक अनुभवों में बदलाव होते हैं, तो कुछ बदलाव मानसिक पीड़ा ला सकते हैं। यह भी सार्वभौमिक रूप से लागू होता है कि मानसिक पीड़ा को सच्चे जीवन के अनुभवों को समझकर कम किया जा सकता है। जीवन में उतार-चढ़ाव और प्राकृतिक व सार्वभौमिक कार्यप्रणाली होती है। मानसिक पीड़ा को दैनिक जीवन में बदलते सांसारिक अनुभवों के प्रति मानसिक आसक्ति को कम करके कम किया जा सकता है।

अध्याय 18:

प्रत्यक्ष अभ्यास: धारा प्रवेश

बुद्ध के प्रशिक्षण पथ में एक सीधा मार्ग है जो व्यक्ति को धारा-प्रवेश (Stream Entry) प्राप्त करने का मार्ग प्रदान करता है। यह मार्ग बंधनों (fetters) को छोड़ने, आत्म-दृष्टि (self-view) को मध्यम मानसिक प्रशिक्षण के माध्यम से समाप्त करने और त्रिरत्न (Triple Gem) में पुष्टि-युक्त विश्वास (confirmed confidence) विकसित करने से प्राप्त होता है। इस सीधे मार्ग को विकसित करने के अभ्यास में सांसारिक आसक्ति (worldly attachment) को त्यागना, आत्म-दृष्टि को बनाए रखने और मजबूत करने के तरीकों को कम करना, और सामाजिक प्रथाओं एवं शंकाओं को समझकर त्यागना शामिल है। यह सब बुद्ध और उनके धम्म में पुष्टि-युक्त विश्वास विकसित करके, अरहंतों से सुनकर और धम्म को अपने दैनिक जीवन में लागू करके किया जा सकता है।

यदि कोई आत्म-आसक्ति और सामाजिक प्रथाओं से आसक्ति को कम कर ले और त्रिरत्न में पुष्टि-युक्त विश्वास विकसित कर ले, तो वह धारा-प्रवेश और उससे ऊपर की अवस्था प्राप्त कर सकता है। दूसरी ओर, यदि कोई आत्म-दृष्टि, सामाजिक प्रथाओं में अत्यधिक आसक्ति को छोड़ने और पुष्टि-युक्त विश्वास विकसित करने में असमर्थ है, तो दीर्घकालीन (या अल्पकालीन) ध्यान, जीवनशैली और अनुष्ठानों का अभ्यास करने के बावजूद निर्वाण प्राप्त करना कठिन हो जाता है। सरल शब्दों में, यदि सीधे मार्ग का अनुसरण नहीं किया जाता है, तो प्राचीन निर्वाण मार्ग बाधित हो सकता है, और यदि सीधे मार्ग का अनुसरण किया जाता है, तो व्यक्ति निर्वाण प्राप्त कर सकता है।

बुद्ध का धम्म हमेशा साधारण तरीकों से परे होता है। उदाहरण के लिए, साधारण जीवन और सांसारिक जीवन तब बनते हैं जब कोई व्यक्ति अपने, दूसरों और संसार के प्रति, इंद्रियगत जानकारियों के आधार पर, अत्यधिक पसंद और नापसंद रखता है। चूंकि पृथ्वी पर चीजें हमेशा बदलती रहती हैं, जब व्यक्ति का सांसारिक अनुभव बदलता है, तो वह लगातार तनाव का अनुभव कर सकता है, विशेष रूप से तब जब बदलाव उसकी इच्छानुसार न हो। इसलिए, जब कोई व्यक्ति

अपनी सोच में पृथ्वी को छूता है और सांसारिक अनुभवों—जैसे पसंद, नापसंद और अपेक्षाओं—को अनुभव करता है, जो आत्मा, अन्य और संसार को स्थायी मानकर बनाए जाते हैं, तो वह दुखी हो सकता है क्योंकि बनाई गई चीजें स्थायी नहीं होतीं।

बुद्ध के प्रशिक्षण पथ और आर्य पथ में धारा-प्रवेश प्राप्त करने के लिए पसंद को कम करना इसका अर्थ यह नहीं है कि लोगों की उपेक्षा करना चाहिए, बल्कि इसका अर्थ है उनके प्रति देखभाल और जिम्मेदारी रखना, यह जानते हुए कि वे किसी भी समय बदल सकते हैं। इसमें प्राकृतिक मृत्यु या अलगाव भी शामिल है, क्योंकि ये चीजें हम सभी के जीवन का हिस्सा हैं। इसी तरह, बुद्ध के मार्ग में पसंद को कम करना इसका अर्थ दूसरों के लिए काम करना बंद करना नहीं है, बल्कि दूसरों के प्रति जिम्मेदारियों को पूरा करना है, बिना किसी प्रत्याशा के। यह जीवन जीने का एक तरीका है, जिसे आर्य पथ और आर्य जीवनशैली विकसित करने के लिए अपनाना आवश्यक है।

जब कोई व्यक्ति यह समझ लेता है कि उसने अपनी पूरी क्षमता से अच्छा और लाभकारी कार्य किया है, और अपेक्षाओं को कम कर लेता है, यह समझ लेता है कि ब्रह्मांड कैसे अच्छे और बुरे को लाता है, द्वैत को समझता है, समाज कैसे कार्य करता है, और अन्य लोग क्या सोचते हैं या नहीं सोचते, तो ऐसे व्यक्ति को सांसारिक अनुभव परेशान नहीं करते। इस प्रकार, धम्म जीवन में दुख को कम करके और कल्याण लाकर धम्म का पालन करने वाले व्यक्ति की रक्षा करता है। दूसरी ओर, यदि धम्म का पालन न करके केवल अनुष्ठान, धर्म, विभाजन, परंपरा और जीवनशैली का पालन किया जाता है, तो वही लाभ नहीं प्राप्त किया जा सकता।

इस प्रकार, बुद्ध का धम्म और सीधा मार्ग आत्म-दृष्टि, सामाजिक प्रथाओं और शंकाओं में अत्यधिक आसक्ति को त्यागने और त्रिरत्न में पुष्टि-युक्त विश्वास विकसित करने की बात करता है। इस प्रकार, बुद्ध का धम्म पूर्ण है, क्योंकि यह व्यक्ति को स्वयं और दूसरों को चोट पहुँचाने से बचाता है। इसलिए, एक साधारण साधक अपने दैनिक जीवन में मध्यम मार्ग का अनुसरण करके, आत्म-आसक्ति और सामाजिक प्रथाओं को कम करके, और त्रिरत्न के प्रति समर्पण करके अपने जीवन, परलोक और निर्वाण में अच्छे लाभ प्राप्त कर सकता है।

निष्कर्ष

जो सभी पर समान रूप से लागू होता है, वह यह है कि जो कुछ भी उनके पास है, वह परिवर्तन के अधीन है। जो सभी पर समान रूप से लागू होता है, वह यह है कि सांसारिक अनुभवों में परिवर्तन होने पर, कुछ परिवर्तन मानसिक कष्ट ला सकते हैं। जो सभी पर समान रूप से लागू होता है, वह यह है कि मानसिक पीड़ा को सच्चे जीवन अनुभव को समझकर कम किया जा सकता है; जीवन में उतार-चढ़ाव दोनों होते हैं; यह प्राकृतिक और सार्वभौमिक प्रक्रिया है। साथ ही, दैनिक जीवन में बदलते सांसारिक अनुभवों से मानसिक लगाव को कम करने से मानसिक पीड़ा में कमी आती है।

अक्सर यह कहा गया है कि वास्तविक जीवन में धम्म का अभ्यास करने के लिए सांसारिक मामलों को छोड़ना आवश्यक है। हालांकि, सांसारिक मामलों को छोड़ना यह दर्शाता है कि सांसारिक मामले स्थायी नहीं हैं; वे परिवर्तनशील हैं और वे अनात्मा हैं। धम्म का अभ्यास करने के लिए सांसारिक मामलों को छोड़ना शारीरिक रूप से सांसारिक मामलों को छोड़ने का संकेत नहीं देता, क्योंकि भौतिक संसार मन में निर्मित होता है। यहाँ मुख्य बात मन में त्याग या अनासक्ति पर बल देना है। इसलिए, जो व्यक्ति मध्यम मार्ग का अभ्यास करते हैं, उनसे अपेक्षा की जाती है कि वे जीवन के सभी क्षेत्रों में, भौतिक और आध्यात्मिक रूप से, प्रगति करें।

इसी प्रकार, यह समझने से कि आत्म-दृष्टि सामाजिक प्रथाओं से मजबूत होती है, कि समाजों में चीजों को करने के कुछ तरीके लोगों को विभाजित कर सकते हैं, और कि कुछ सामाजिक प्रथाएँ लोगों पर दबाव डाल सकती हैं और उनके कल्याण को प्रभावित कर सकती हैं, एक बुद्धिमान व्यक्ति अधिक संभावना रखेगा कि वह सामाजिक प्रथाओं (जैसे रीति-रिवाज और जीवन शैली) को अधिक महत्व देना छोड़ दे। इसके बजाय, वह अपने दिल के सच्चे अनुसार एक अच्छे इंसान बनने और दूसरों के प्रति अपने कर्तव्यों को बिना किसी अपेक्षा के पूरा करने की कोशिश करेगा। यह आंतरिक संतोष और मानसिक शांति ला सकता है।

उदाहरण के लिए, चीजों को करने के मानक तरीके और सामाजिक प्रथाएँ इस बात को सामान्य बना देती हैं कि चीजों को खोने पर दुखी होना और चीजों को पाने पर खुश होना चाहिए। इसी प्रकार, समाज कभी-कभी यह दिखा सकता है कि कोई व्यक्ति एक आदर्श जीवन, आदर्श संबंध, आदर्श परिवार, आदर्श शैक्षणिक परिणाम और आदर्श नौकरी जैसी चीजें प्राप्त कर सकता है। लेकिन वास्तविक जीवन में यह हमेशा संभव नहीं होता, और यह बात व्यक्ति अपने अनुभवों

से सीखता है। जब वास्तविक जीवन का अनुभव मन में अपेक्षाओं से मेल नहीं खाता, तो निराशा हो सकती है।

इसलिए, यह समझने से कि सांसारिक चीजों से अत्यधिक लगाव तनाव ला सकता है, एक बुद्धिमान व्यक्ति सांसारिक अनुभवों, सामाजिक प्रथाओं और रीति-रिवाजों से लगाव को छोड़ना पसंद करेगा।

इसी प्रकार, मन भौतिक चीजों की अनुपस्थिति में भी उनकी इच्छा रख सकता है। मन अतीत और भविष्य की घटनाओं की कल्पना कर सकता है, भले ही वे मौजूद न हों। इसी प्रकार, मन आत्म-दृष्टि और दूसरों की कल्पना कर सकता है, भले ही कोई स्थायी आत्म या अन्य न हों।

इसलिए, बुद्ध के मार्ग में, त्याग का अर्थ अपनी मनोवृत्तियों और विचारों से लगाव को छोड़ने से है, न कि भौतिक चीजों को छोड़ने से। भौतिक चीजें जीविका के लिए आवश्यक हैं, और बुद्ध के मार्ग पर चलने वाले सभी को इन चीजों की व्यवस्था करने की प्रेरणा दी जाती है। जिनके मन में भौतिक चीजों के प्रति लगाव और अरुचि समाप्त हो गई है, उनके लिए इन चीजों की उपस्थिति शून्य के समान है।

मध्यम मार्ग का अभ्यास आत्म-दृष्टि को छोड़ने में मदद कर सकता है। उदाहरण के लिए, जीवन में द्वैत का सामना करने पर, अत्यधिक दुखी या अत्यधिक खुश न होकर, व्यक्ति आत्म-दृष्टि से लगाव को कम कर सकता है और दैनिक जीवन में संतोष बनाए रख सकता है।

कुछ चीजों को अनुभव करने की इच्छा को त्यागने और कुछ चीजों को अनुभव न करने (मध्यम मार्ग) से चीजों को जाने देने में सहायता मिल सकती है।

बुद्ध के शिक्षाओं में त्याग का अभ्यास चार चरणों में होता है, जो व्यक्ति के कर्म और पुण्य से प्रभावित होता है। इसके अलावा, चार चरणों में निर्वाण प्राप्त करना सभी के लिए एक वास्तविक और सुखद अनुभव है।

उदाहरण के लिए, सोतापन्ना स्तर पर, एक व्यक्ति अभी भी उसी तरह मनोरंजन की तलाश कर सकता है जैसे कि अधिकांश लोग (सामान्य लोग) करते हैं। बस तनावपूर्ण पक्ष को काटकर और कामुक सुखों का अनुभव करके, एक सोतापन्ना यात्रा करने, स्नातक करने, यहाँ तक कि फेसबुक पर अपनी तस्वीरें पोस्ट करने और मठवासी और गैर-मठवासी दोनों ही स्थितियों में सेल्फी लेने और इसी तरह की अन्य चीजों में मनोरंजन प्राप्त कर सकता है, क्योंकि यह सेटिंग मन के निर्वाण में व्यक्ति के प्रशिक्षण के लिए प्रासंगिक नहीं है। मनोरंजन और गैर-मनोरंजन दोनों को काटकर, अरहंत चरण में, व्यक्ति उपरोक्त चीजें तभी करेगा जब वे दूसरों के लिए फायदेमंद हों।

निर्वाण का प्रत्येक चरण अलग-अलग होता है। निर्वाण सोतापन्ना के लिए एक आनंदमय अनुभव है।

अभ्यास की दृष्टि से, जो लोग धम्म सुनते हैं और धम्म के बारे में बात करते हैं, लेकिन धम्म को खुद पर लागू नहीं करते हैं, वे ऐसे तरीके से अभ्यास कर रहे हैं, जिससे निर्वाण प्राप्त करना संभव नहीं है। जो लोग धम्म सुनते हैं और धम्म को सामान्य दृष्टिकोण से परे समझते हैं, वे धम्म को खुद पर लागू करके ऐसे अभ्यासों को छोड़ देते हैं, वे निर्वाण प्राप्त करने के लिए सही तरीके से अभ्यास कर रहे हैं। जिन लोगों का अभिमान गायब हो गया और जिन्होंने चतुर्विध निर्वाण पूरा कर लिया है, उन्होंने अपना अभ्यास सही तरीके से पूरा कर लिया है। आदर्श रूप से, दूसरों को बताने से पहले व्यक्ति को चतुर्विध निर्वाण पूरा कर लेना चाहिए, क्योंकि बुद्ध के शब्दों और शिक्षाओं की गलत तरीके से व्याख्या करने से कई लोग निर्वाण प्राप्त करने से वंचित रह सकते हैं।

समकालीन समय में, इस बात की अधिक संभावना है कि एक औसत व्यक्ति धम्म को केवल एक धर्म, एक अनुष्ठान, एक जीवन शैली, एक विभाजन, एक ध्यान अभ्यास (वर्तमान क्षण में रहना और जागरूक होना) के रूप में साधारण धम्म शिक्षकों से सुनेगा। साधारण विचार जो धारा प्रवेश से पहले प्रारंभिक अभ्यास हैं, वे सभी समाजों में व्यापक हैं। फिर भी, ऐसा प्रतीत होता है कि अकेले साधारण विचार अरहंत की अनुपस्थिति में कई अभ्यासियों के लिए निर्वाण को रोक सकते हैं। एक अरहंत से बुद्ध की शिक्षाओं को सुनने के अवसर दुर्लभ हैं। यह देखते हुए कि निर्वाण चरणों में जाने के बारे में है, जो व्यक्ति निर्वाण प्राप्त करना चाहता है, उसे लाभ होगा यदि वह प्रारंभिक अभ्यासों को छोड़ना सीखता है, जैसे कि धर्म, जीवन शैली, अनुष्ठान, ध्यान अभ्यास और धारा प्रवेश प्राप्त करने के लिए इसी तरह की चीजों को पकड़ना। एक बुद्धिमान अभ्यासी मानक तरीकों से परे सोचने के लिए प्रारंभिक अभ्यासों को छोड़ कर लाभान्वित होगा।

कोई व्यक्ति यह समझकर इन प्रारंभिक अभ्यासों को छोड़ना सीख सकता है कि निर्वाण सार्वभौमिक रूप से लागू है, और इसका अभ्यास सभी के लिए समान है। महान मार्ग और चीजों को करने का महान आर्यन तरीका हमेशा चीजों को करने के सामान्य तरीकों से परे होता है। नीचे कुछ उदाहरण दिए गए हैं। दूसरों को विभाजित करने और चोट पहुँचाने और खुद को चोट पहुँचाने के बजाय, आर्यन जीवन जीने का तरीका सभी के साथ वास्तविक देखभाल के साथ व्यवहार करना है। महान मार्ग में प्रशिक्षण के लिए व्यक्ति को सार्वभौमिक सत्य को समझना आवश्यक है: तनाव जो द्वैत और कर्म और त्रिरत्न के कारण उत्पन्न होता है। इन दिनों, ऐसा प्रतीत होता है कि

अभ्यासी ध्यान साधना सहित ध्यान अभ्यासों को प्राथमिकता देते हैं। फिर भी, ध्यान अभ्यास, जैसे कि केवल ध्यान बनाए रखना, परिवर्तन के अधीन हो सकता है। उदाहरण के लिए, किसी व्यक्ति को ध्यान अभ्यास के दौरान अस्थायी राहत मिल सकती है, लेकिन जब वह व्यक्ति ध्यान अभ्यास से बाहर आता है तो वह राहत खो देता है।

निर्वाण विचारों के अवलोकन की सचेत प्रक्रिया नहीं है, बल्कि यह प्राकृतिक वैराग्य की प्रक्रिया है जो व्यक्ति के कर्म और गुणों द्वारा आकारित चार चरणों में घटित होती है।

यह समझकर कि निर्वाण मनुष्य द्वारा निर्मित नहीं है, एक बुद्धिमान साधक सार्वभौमिक रूप से लागू होने वाली शिक्षाओं, निर्वाण को समझकर लाभान्वित होगा। उदाहरण के लिए, जन्म, मृत्यु, बीमारियाँ और प्राकृतिक आपदाएँ सार्वभौमिक घटनाएँ हैं; वे सभी प्राणियों के जीवन का एक हिस्सा हैं। इसी तरह, द्वैत और कर्म सभी प्राणियों पर सार्वभौमिक रूप से लागू होते हैं। सांसारिक अनुभवों, कर्म और संसार से मुक्त होने के लिए, व्यक्ति को सामान्य विचारों और प्रथाओं को छोड़ना होगा। चीजों को छोड़ने के लिए जिस अभ्यास को अपनाया जा सकता है, उसके लिए मध्यम मन प्रशिक्षण और गुणों को विकसित करने की आवश्यकता होती है।

बुद्धि, गुण और निर्वाण आपस में जुड़े हुए हैं। कर्म का सार्वभौमिक नियम हमेशा सभी प्राणियों पर लागू होता है।

बुद्ध के मार्ग का अभ्यास करते समय यह समझना आवश्यक है कि निर्वाण सार्वभौमिक है और इसकी शिक्षाएँ सभी पर समान रूप से लागू होती हैं। अभ्यास का आरंभ त्रिरत्न में शरण लेने और गुण अर्जित करने से होता है। बुद्ध और अर्हतों की शिक्षाएँ सुनकर व्यक्ति उच्च ज्ञान, सच्चा स्नेह और पुण्य प्राप्त कर सकता है, जो जीवन की भौतिक और आध्यात्मिक उन्नति और निर्वाण के लिए आवश्यक है।

संदर्भ ग्रंथ

Dhammatalks.org.
https://www.dhammatalks.org

SuttaCentral.net.
https://suttacentral.net

SuttaFriends.org
https://suttafriends.org